MW01602359

Guía de conversación YALE

ESPAÑOL-HOLANDES

EDITORIAL CANTABRICA, S.A. BILBAO

Con la colaboración de: Nekane Ibargüen Batenburg

Ilustraciones: Estudios B. C.

GUIAS PUBLICADAS

Español/Francés	English/Spanish
Español/Inglés	Deutsch/Spanisch
Español/Alemán	Français/Espagnol
Español/Italiano	Italiano/Spagnolo
Español/Euskara	Português/Espanhol
Español/Portugués	Arabe/Español
Español/Catalán	Nederlands/Spaans
Español/Arabe	Japonés/Español
Español/Holandés	

GUIAS GASTRONOMICAS   TUTTO YALE

Manger en Espagne	Las Plantas
Eating in Spain	Los Perros
Essen in Spain	Los Postres
	El Bar en casa

Impreso en España
Printed in Spain

Depósito legal: BI-381-94
I.S.B.N.: 84-221-0430-X

Edita:
© **EDITORIAL CANTABRICA, S. A.**
Nervión, 3 - 6.º
Telf. (94) 424 53 07
Fax (94) 423 19 84
48001 Bilbao-España

Impreso por: GRAFO, S. A. - Basauri - Bilbao

INDICE

INTRODUCCION

Tiene usted entre sus manos una GUÍA YALE, un librito cuya principal pretensión es convertirse en un útil —y ameno— compañero de viaje. Haya usted viajado o no, sabrá cuán interesante y agradable es poder utilizar la lengua del país que se visita y cuánto más simpático resultará a los holandeses que le vean esforzarse por dirigirse a ellos en su hermoso idioma. Pero, ¿hasta qué punto puede ayudarle la GUÍA YALE? La respuesta depende de su familiaridad con el holandés:

SI USTED DESCONOCE POR COMPLETO EL HOLANDES, la GUÍA resultará una sencilla y entretenida introducción a esta lengua. No se trata de ser un texto didáctico, sino simplemente una guía práctica, capaz de poner a su alcance una completa colección de frases tipo, que no sólo le permitan desenvolverse en las más variadas circunstancias, sino que le servirán de base para crear otras similares. No dude en aprenderse todos los días unas cuantas frases y palabras de memoria; practique con ellas y utilícelas siempre que tenga ocasión y se sorprenderá al ver con qué rapidez y facilidad va ampliando sus conocimientos. Y no tema a la barrera de la pronunciación: puede resultar ridículo pedir por señas un vaso de agua, pero nunca lo será

7

solicitar un *"jlas uaatër"*, aunque la pronunciación no se ajuste milimétricamente a lo que acaso exigiera el ABN. Al menos evitará que, tras un alarde de mímica, le sirvan té.

SI USTED YA TIENE CONOCIMIENTOS DE HOLANDES, la Guía le servirá de utilísimo auxiliar. Le bastará un breve vistazo antes de entrar en el restaurante, en el banco, en la peluquería, para recordar qué frases son las más apropiadas en cada caso o cuál es el equivalente holandés exacto de esa palabra que se le escapa. Tenga siempre la Guía a mano; con ella sus conocimientos del holandés se ampliarán a un nivel muy superior a lo que usted se hubiera atrevido a suponer.

SI USTED DOMINA EL HOLANDES, la Guía le permitirá extender al máximo sus conocimientos. Por sus frecuentes viajes, o por sus negocios, acaso maneje de forma impecable la terminología comercial, pero ¿se atrevería a enfrentarse con una carta de platos típicos? o ¿podría escribir con precisión a la dependienta de los grandes almacenes el conjunto que le encargó su esposa? La Guía YALE le permitirá completar estas pequeñas lagunas, potenciando al máximo sus conocimientos del idioma y haciendo que su estancia en Holanda resulte doblemente agradable.

PRONUNCIACION FIGURADA

La pronunciación es uno de los problemas más delicados del idioma holandés. En efecto, sólo es posible adquirir un genuino acento holandés tras largos años de práctica o de residencia en Holanda. Pero la GUÍA YALE no tiene la vana pretensión de que usted hable holandés como un nativo, sino simplemente de que se haga entender en un holandés correcto. Como, además, su finalidad es eminentemente práctica, en la pronunciación figurada se ha rechazado todo signo, símbolo o letra que pudiera dificultar la rapidez de la lectura. Tales símbolos sólo sirven para complicar lo que tratan de aclarar y su utilidad práctica es casi nula, pues son varios los fonemas holandeses sin equivalente castellano. Por ello, la GUÍA YALE ha reducido la pronunciación figurada a la máxima sencillez posible, aunque desde luego cuidando la corrección de la expresión. Así, todo cuanto usted debe hacer es leer *con decisión* la pronunciación figurada de la frase que pretende decir; no se preocupe, los holandeses le entenderán.

El símbolo "*aa*" indica "*a*" larga, "*ee*" "*e*" larga e "*ii*" "*i*" larga.

El símbolo ¨ se utiliza para indicar:

1. *ë* = "*e*" cerrada.

2. *ü* = entre "*u*" e "*y*".

3. Las sílabas en **negra** de la pronunciación figurada son aquellas sobre las que debe cargarse la entonación de la voz.

NORMAS GRAMATICALES

ARTICULO

Definido

De para el masculino y para el femenino.

Het para el neutro.

De man	= el hombre	*Het kind*	= el niño
De vrouw	= la mujer	*Het huis*	= la casa

Indefinido

Een para el masculino, femenino y neutro.

El artículo indefinido plural (unos, unas) se traduce al holandés por: *een paar*.

SUSTANTIVO

Género

En cuanto al género de los sustantivos no hay regla. Los sustantivos que indican cosas son masculinos, pero algunos son neutros. Masculinos y femeninos son los sustantivos que denotan personas masculinas o femeninas, pero el artículo *de* también denota cosas. El artículo neutro *het* únicamente indica cosas y, a veces, animales, nunca personas, excepto en el caso mencionado más abajo:

de man	= el hombre
de wrouw	= la mujer
de brief	= la carta
het eten	= la comida

Hay dos palabras neutras que indican personas:

het kind	= el niño, la niña
het meisje	= la chica

Formación del plural

Regla general: Añadir *en* al singular.

La ortografía se adapta a la pronunciación. Por eso, los sustantivos que terminan en vocal doble más consonante en singular, simplifican la vocal en el plural.

Y los sustantivos que en singular tienen vocal simple, más consonante, doblan la consonante en el plural.

de week	= la semana	*de weken*	= las semanas
de naam	= el nombre	*de namen*	= los nombres
de pan	= la sartén	*de pannen*	= las sartenes
de bus	= el autobús	*de bussen*	= los autobuses

Los sustantivos que terminan en *s* y *f* cambian a menudo la *s* en *z* y la *f* en *v* para el plural:

de reis	= el viaje	*de reizen*	= los viajes
de neef	= el primo	*de neven*	= los primos

Los sustantivos que terminan en sílaba acentuada cuya última vocal es una *e*, y los sustantivos que terminan en vocal, añaden una *s* para el plural:

de tafel	= la mesa	*de tafels*	= las mesas
het meisje	= la chica	*de meisjes*	= las chicas

Ciertos plurales son irregulares:

het kind	= el niño	*de kinderen*	= los niños
het ei	= el huevo	*de eieren*	= los huevos

ADJETIVO

En holandés, el adjetivo siempre se antepone al sustantivo.

Al adjetivo siempre se añade una *e*, menos en el singular neutro con artículo indefinido o sin artículo:

de oude moeder	= la vieja madre
het lieve meisje	= la chica encantadora
een lief meisje	= una chica encantadora
vele namen	= muchos nombres

Al añadirse al adjetivo la *e* puede ser que haya que cambiar la *s* en *z* y la *f* en *v*. También puede ser que haya que simplificar la vocal o duplicar la consonante para obtener la pronunciación correcta.

Grados de comparación

El comparativo se forma añadiendo *-er* al positivo:

klein = pequeño   *kleiner* = más pequeño

El comparativo de inferioridad: *minder* = menos.

Dit huis is minder groot dan dat = Esta casa es menos grande que aquélla

El comparativo de igualdad: *even... als* = tan... como

Dit huis is even groot als dat = Esta casa es tan grande como aquélla

El superlativo relativo se forma añadiendo *st* al adjetivo. Empleado como adjetivo, se añade *ste*.

groot = grande   *het grootst* = el más grande

Het grootste huis van het dorp = La casa más grande del pueblo

El superlativo absoluto se describe con *erg, zeer* o *heel*.

erg groot = muy grande

Demostrativo

El holandés sólo conoce dos pronombres demostrativos:

deze man   = este hombre
die man   = ese hombre / aquel hombre
deze mannen = estos hombres
die mannen   = esos hombres / aquellos hombres

Los dos pronombres demostrativos tienen otra forma para el neutro singular:

dit kind   = este niño
dat kind   = ese niño / aquel niño

Posesivo

Mijn huis   = mi casa
Jouw / Je huis = tu casa
Zijn huis   = su casa (de él)
Haar huis   = su casa (de ella)
Uw huis   = su casa (de usted, de ustedes)
Ons huis   = nuestra casa
Onze vader   = nuestro padre
Jullie huis   = vuestra casa
Hun huis   = su casa (de ellos)

13

Numerales y ordinales

Véase el apartado correspondiente de la GUÍA.

Indefinidos

Véanse los pronombres indefinidos

PRONOMBRE

Personales

Los pronombres personales sujeto son:

Ik	= yo	*U*	= usted, ustedes
Jij	= tú	*Wij*	= nosotros, nosotras
Hij	= él	*Jullie*	= vosotros, vosotras
Zij, ze	= ella	*Zij*	= ellos, ellas

Los pronombres personales objeto son:

Mij, me	= me	*U*	= le/la
Jou, je	= te	*Ons*	= nos
Hem	= le (personas)	*Jullie*	= os
Hem	= le (cosas)	*Ze*	= los (personas)
Het	= lo (cosas)	*Ze*	= los (cosas)
Haar	= la (personas)	*Ze*	= las (personas)
Hem	= la (cosas)	*Ze,*	= las (cosas)
Het	= la (cosas)		

Demostrativos

Son iguales que los adjetivos demostrativos.

Relativos

Que, quien, el cual, la cual (y sus plurales) se traducen:
Cuando el antecedente es un sustantivo neutro singular
por *dat*:

het boek, dat ik heb gelezen, is mooi = el libro, que he
leído, es bonito

Cuando el antecedente es un sustantivo masculino o
femenino, plural o singular, o un sustantivo neutro plural, por *die*:

de vrouw, die ik heb gezien, is haar tante = la mujer, que
he visto, es su tía

Cuando el antecedente es nombre de persona, y al pronombre relativo le precede una preposición, por *wie*:

de man, voor wie ik heb gewerkt, heet Pepe = el hombre, para quien he trabajado, se llama Pepe

Cuando el antecedente es nombre de cosa y al pronombre relativo le acompaña una preposición, se pospone tal preposición a la palabra *waar:*

het huis, waarin ik woon = la casa en que vivo

Interrogativos

El holandés tiene cuatro pronombres interrogativos:

wie?	= ¿quién? ¿quiénes?
wat?	= ¿qué?
welk?	= ¿qué? ¿cuál?
hoeveel?	= ¿cuánto? ¿cuántos?

Posesivos

de (het) mijne	= el mío, la mía
de (het) jouwe	= el tuyo, la tuya
de (het) zijne	= el suyo, la suya (de él)
de (het) hare	= el suyo, la suya (de ella)
de (het) Uwe	= el suyo, la suya (de usted, de ustedes)
de (het) onze	= el nuestro, la nuestra
de (het) hunne	= el suyo, la suya (de ellos)

Reflexivos

ik was me (zelf)	= yo me lavo (a mí mismo)
jij wast je (zelf)	= tú te lavas (a ti mismo)
hij wast zich (zelf)	= él se lava (a sí mismo)
zij wast zich (zelf)	= ella se lava (a sí misma)
U wast zich (zelf)	= usted se lava (a sí mismo)
Wij wassen ons (zelf)	= nosotros nos lavamos (a nosotros mismos)
Jullie wassen je (zelf)	= vosotros os laváis (a vosotros mismos)
Zij wassen zich (zelf)	= ellos se lavan (a sí mismos)

Indefinidos

Los principales pronombres indefinidos son los siguientes:

iets, wat	= algo	*ieder (een)*	= cada uno, todo
niets	= nada		el mundo
iemand	= alguien	*menigeen*	= hay quien
niemand	= nadie	*men*	= se
alles	= todo	*veel*	= mucho
allemaal	= todos	*weinig*	= poco

ADVERBIO

De tiempo:

nu	= ahora
gisteren	= ayer
al	= ya
gauw	= pronto
dikwijls,	= muchas veces

De lugar:

hier	= aquí
daar	= allí
ginds	= allá
waar	= dónde
dichtbij	= cerca

De modo:

aldus, zo	= así
nauwelijks	= apenas
gaarne, graag	= de buena gana

De cantidad:

genoeg	= bastante
bijna	= casi
zeer	= muy
slechts	= sólo

La terminación *mente* se traduce al holandés por *-lijk*:

open	= abierto	*openlijk*	= abiertamente

PREPOSICION

Aan	= en, a, de
Achter	= detrás de

Behalve	= excepto
Beneden	= debajo de
Bij	= cerca de
Binnen	= dentro de
Buiten	= fuera de
Boven	= encima de
Door	= por, a través de, a causa de
Gedurende	= durante
In	= en
Jegens	= para, con
Langs	= a lo largo de
Met	= con, de
Na	= después de
Naar	= hacia, según
Naast	= al lado de
Namens	= en nombre de
Niettegenstaande	= a pesar de
Om	= alrededor de
Omstreeks	= hacia
Ondanks	= a pesar de
Onder	= debajo de
Op	= sobre, a la
Over	= por encima de, sobre
Per	= por, en
Sedert, sinds.	= desde
Tegen	= a, para
Tegenover	= en frente de
Tot	= hasta, a
Trots	= a pesar de
Tijdens	= durante
Tussen	= entre
Uit	= de, a
Van	= de
Volgens	= según
Voor	= delante de, para, por
Woorbij	= por delante de
Wegens	= a causa de
Zonder	= sin

CONJUNCION

En	= y
Nog	= ni
Of	= o
Maar, doch	= pero, sino
Want	= pues, porque
Toen	= cuando
Voordat	= antes (de) que
Zodat	= de manera que
Opdat	= para que
Op voorwaarde dat	= a condición de que
Ingeval	= en caso de que
Mits	= con tal (de) que
Zoals	= como
Totdat	= hasta que
Sinds	= desde que
Terwijl	= mientras que
Zolang	= mientras
Zodra	= tan pronto como
Telkens als	= cada vez que
Omdat	= porque
Als, indien	= si
Tenzij	= a no ser que
Hoewel	= aunque
Ondanks dat	= a pesar de que
Zonder dat	= sin que
Of, alsof	= como si

VERBO

Verbo auxiliar *hebben* (haber o tener)

Presente

Ik heb	*Hij, zij, U heeft*	*Jullie hebben*
Jij hebt	*Wij hebben*	*Zij hebben*

P. Imperfecto

Ik had   *Hij, zij, U had*   *Jullie hadden*
Jij had   *Wij hadden*   *Zij hadden*

Verbo auxiliar *zijn* (ser o estar)

Presente	P. Imperfecto
Ik ben	*Ik was*
Jij bent	*Jij was*
Hij, zij, U is	*Hij, zij, U was*
Wij zijn	*Wij waren*
Jullie zijn	*Jullie waren*
Zij zijn	*Zij waren*

En holandés hay verbos regulares e irregulares. Los verbos irregulares se distinguen de los regulares en la formación del imperfecto y el participio pasivo.

En holandés siempre hay que colocar el pronombre personal.

El futuro se forma anteponiendo *zal* al verbo en singular y *zullen* en plural.

Para el Potencial, se antepone *zou* al verbo en singular y *zouden* en plural.

Modelo de conjugación (verbo regular *maken*-hacer)

Tiempos simples

Indicativo

Presente

It maak	= hago
Jij maakt	= haces
Hij maakt	= hace
Wij maken	= hacemos
Jullie maken	= hacéis
Zij maken	= hacen

P. Imperfecto

Ik maakte	= hice, hacía
Jij maakte	= hicistes, hacías
Hij maakte	= hizo, hacía
Wij maakten	= hicimos, hacíamos
Jullie maakten	= hicisteis, hacíais
Zij maakten	= hicieron, hacían

Futuro imperfecto

Ik zal maken	= haré
Jij zal maken	= harás
Hij zal maken	= hará
Wij zullen maken	= haremos
Jullie zullen maken	= haréis
Zij zullen maken	= harán

Potencial simple

Ik zou maken	= haría
Jij zou maken	= harías
Hij zou maken	= haría
Wij zouden maken	= haríamos
Jullie zouden maken	= haríais
Zij zouden maken	= harían

Tiempos compuestos

Pretérito perfecto

Ik heb gemaakt	= he hecho
Jij hebt gemaakt	= has hecho
Hij heeft gemaakt	= ha hecho
Wij hebben gemaakt	= hemos hecho
Jullie hebben gemaakt	= habéis hecho
Zij hebben gemaakt	= han hecho

Pluscuamperfecto

Ik had gemaakt	= había hecho
Jij had gemaakt	= habías hecho

Hij had gemaakt	= había hecho
Wij hadden gemaakt	= habíamos hecho
Jullie hadden gemaakt	= habíais hecho
Zij hadden gemaakt	= habían hecho

Futuro perfecto

Ik zal hebben gemaakt	= habré hecho
Jij zal hebben gemaakt	= habrás hecho
Hij zal hebben gemaakt	= habrá hecho
Wij zullen hebben gemaakt	= habremos hecho
Jullie zullen hebben gemaakt	= habréis hecho
Zij zullen hebben gemaakt	= habrán hecho

Potencial perfecto

Ik zou hebben gemaakt	= habría hecho
Jij zou hebben gemaakt	= habrías hecho
Hij zou hebben gemaakt	= habría hecho
Wij zouden hebben gemaakt	= habríamos hecho
Jullie zouden hebben gemaakt	= habríais hecho
Zij zouden hebben gemaakt	= habrían hecho

Imperativo

Maak	= haz
Maakt	= haga
Maken jullie	= haced
Maakt U	= hagan ustedes
Laten wij maken	= hagamos

Participio activo	Participio pasado
makend (e)	*gemaakt*

Infinitivo presente	Infinitivo perfecto
(te) maken	*(te) hebben gemaakt*

Forma negativa:

Sujeto-verbo-negación (*niet*):

   Ik eet niet = yo no como

Sujeto-verbo auxiliar-*niet*-verbo principal:

Ik heb niet gegeten = yo no he comido

Ik zal niet eten = yo no comeré

Forma interrogativa:

Verbo-sujeto:

Eet ik? = ¿cómo yo?

Verbo auxiliar-sujeto-verbo principal:

Heb ik gegeten? = ¿he comido yo?

Zal ik eten? = ¿comeré yo?

FRASES USUALES

Aquí tiene a su disposición varias de las frases y locuciones que con más frecuencia se presentan en una conversación o pueden intercalarse en ella. Trate de recordarlas, elija el momento apropiado para *colocarlas* y usted mismo se asombrará de sus rápidos progresos en conversaciones sencillas.

SALUDOS

Buenos días	**Buenas tardes**	**Buenas noches**
Goede morgen	Goede avond	Goede nacht
Jude Morjen	*Jude aafont*	*Jude najt*
¿Qué hay?	**¿Cómo está**	**Muy bien,**
¿Qué tal?	**usted?**	**gracias**
Hoe is	Hoe gaat	Goed, dank
het?	het?	U.
Ju is	*ju jaat*	*Jut, dank*
jet?	*jet?*	*U*
¿Y su	**Están bien**	**Hasta mañana**
familia?		
En uw	Goed	Tot morgen
familie?		
In un	*Jut*	*Tot morjen*
faamiilii?		
Hasta la vista		**Hasta pronto**
Tot ziens		Tot spoedig
Tot siins		*Tot spúdej*

23

PREGUNTAS

¿Habla usted español?

Spreekt U Spaans?
Spreekt u Spaans?

¿Comprende usted?

Begrijpt U het?
Bejreypt u jet?

¿Cómo ha dicho?

Wat zegt U?
Uat sejt U?

¿Qué dice usted?

Wat zegt U?
Uat sejt U?

¿Quién es?

Wie is het?
Uii is jet?

¿Qué es eso?

Wat is dat?
Uat is dat?

¿Dónde va usted?

Waar gaat U heen?
Uaar jaat u jeen?

¿Qué quiere usted?

Wat wilt U?
Uat uelt u?

¿Está usted seguro?

Bent U daar zeker van?
Bent u daar seeker fan?

¿De veras?

Werkelijk?
Werkelek?

¿Cuánto?

Hoeveel?
Jufeel?

¿Cuántos?

Hoeveel?
Jufel?

¿Aquí o allá?

Hier of daar?
Jiir of daar?

¿Por qué?

Waarom?
Uaarom?

AFIRMACIONES

Sí	**De acuerdo**	**Es verdad**
Ja	O.K.	Het is waar
Yaa	*Ookee*	*Jet is **uaar***

Quizá	**Como usted quiera**	**Cuando usted guste**
Misschien	Zoals U wilt	Wanneer U wilt
Mesjiin	*Sooals u uelt*	*Uaneer u uelt*

Tiene usted razón	**Entiendo**
U heeft gelijk	Ik begrijp het
U jeeft jeleyk	*Ek bejreyp jet*

NEGACIONES

No	**En absoluto**	**Nunca**
Nee	Helemaal niet	Nooit
Née	*Jeelemaal niit*	*Nooit*

Nadie	**No sé**	**Lo siento**
Niemad	Ik weet niet	Het spijt mij
Niímant	*Ek ueet niit*	*Je speyt mey*

No entiendo	No creo	Está usted confundido
Ik begrijp niet	Ik geloof niet	U vergist zich
Ek bejreyp niit	*Ek jeloof niit*	*U ferjest sej*

Es falso	Nada	Es imposible
Het is onjuist	Niets	Het is onmogelijk
Jet is onyeúst	*Niits*	*Jet is onmoojelek*

PRESENTACIONES

Le presento al Sr...	Mucho gusto	Me llamo
Ik stel u voor aan meneer...	Aangenaam	Mijn naam is
Ek stel u foor aan meneer...	*Aanjenaam*	*Meynaam is*

CORTESIA

Gracias	Muchas gracias	Por favor
Dank U	Hartelijk bedankt	Alstublieft
Dank u	*Jartelek bedankt*	*Alstubliift*

26

Se lo ruego	Con mucho gusto	A su salud
Ik verzoek U	Met genoegen	Op Uw gezondheid
Ek fersuk u	*Met jenújen*	*Op uu jesóntjeyt*

Siéntese, por favor	Dispense	Perdón
Gaat U zitten, alstublieft	Neem mij niet kwalijk	Pardon
Jat u seten, alstubliift	*Neem mey niit kuaalek*	*Pardón*

Es usted muy amable

U bent erg vriendelijk

U bent erj friindelek

EXCLAMACIONES

¡Qué cosa más bonita!	¡Maravilloso!	¡Qué gusto!
Wat mooi!	Prachtig!	Wat aangenaam!
Uat mooi!	*Prájtej!*	*Uat aanjenaam!*

¡Qué suerte!	¡Es curioso!	¡Qué lástima!
Wat een geluk!	Het is merkwaardig!	Wat jammer!
Uat ein jelek!	*Jet is merkuaardej!*	*Uat yámer!*

¡Qué fastidio!	¡Qué tontería!	¡Qué vergüenza!
Wat vervelend!	Wat een onzin!	Wat een schande!
Uat ferfeelent!	*Uat ein ónsen!*	*Uat ein sjánde!*

ORDENES

Hable más despacio	Por favor, dese prisa	¡La cuenta!
Spreek langzaam	Opschieten, alstublieft	De rekening!
Spreek lángsaam	*opsjiiten, alstubliift*	*De reekening*

¡Camarero!	¡Venga aquí!	¡Deme!
Ober!	Kom hier!	Geef mij!
Oober!	*Kom jiir!*	*Jeef mey!*

¡Salga!	¡Escuche!	Silencio
Ga weg!	Luister!	Stilte
Jaa uej!	*Leuster!*	*Stilte*

¡Socorro!		
Help!		
Jelp!		

PALABRAS DE USO MUY FRECUENTE

Además	Adelante	Alrededor de
Bovendien	Binnen Vooruit	Rondom
Boofendiin	*Binen Fooreút*	*Rondom*

28

Algunas veces	Allí	Antes de
Soms	Daar	Voor
Soms	*Daar*	*Foor*

Apenas	Aquí	Arriba
Nauwelijks	Hier	Boven
Naúeleks	*Jiir*	*Boofen*

Atrás	Bien	Casi
Achteruit	Goed	Bijna
Ajtereut	*Jut*	*Béynaa*

Cerca de	¿Cómo?	Contra
Dichtbij	Hoe?	Tegen
Dejtbey	*Ju?*	*Teijen*

¿Cuándo?	¿Cuánto?	¿Cuántos?
Wanneer?	Hoeveel?	Hoeveel?
Uaneer?	*Jufeel?*	*Jufeel?*

Debajo de	Delante de	Dentro de
Onder	Voor	In
Onder	*Foor*	*In*

Demasiado	Demasiados	Desde
Te veel	Te veel	Vanaf
Te feel	*Te feel*	*Fanáf*

Despacio	Después de	Detrás
Langzaam	Nadat	Achter
Langsaam	*Naadat*	*Ajter*

¿Dónde?	Durante de	En
Waar?	Tijdens	In
Uaar?	*Teydens*	*En*

Encima	En frente	En otra parte
Op	Tegenover	Ergens anders
Op	*Teejenoofer*	*Erjens anders*

29

En seguida	En todas partes	Entonces
Onmiddellijk	Overal	Dan
Onmedelek	*Ooferal*	*Dan*
Excepto	**Fuera de**	**Hacia**
Behalve	Buiten	Naar
Bejalfe	*Beuten*	*Naar*
Hasta	**Lejos**	**Más**
Tot	Ver	Meer
Tot	*Fer*	*Meer*
Menos	**Mucho**	**Muchos**
Minder	Veel	Veel
Minder	*Feel*	*Feel*
Muy	**Para**	**Porque**
Erg	Voor	Omdat
Erj	*Foor*	*Omdat*
¿Por qué?	**Según**	**Pronto**
Waarom?	Volgens	Spoedig
Uaarom?	*Foljens*	*Spudej*
Rápido	**Solo**	**Siempre**
Snel	Alleen	Altijd
Snel	*Aleen*	*Alteyt*
Sin	**Temprano**	**También**
Zonder	Vroeg	Ook
Sónder	*Fruj*	*Ook*
Todavía	**Un poco**	**Y**
Nog	Iets	En
Noj	*Iits*	*In*

AVISOS O CARTELES PUBLICOS

Cuidado	**Cerrado**	**Peligro**
Pas op	Gesloten	Gevaar
Pas op	*Jeslooten*	*Jefaar*
Ascensor	**Entrada**	**Salida**
Lift	Ingang	Uitgang
Lift	*Ingang*	*Eútjang*
Se alquila	**Se vende**	**Libre**
Te huur	Te koop	Vrij
Te jur	*Te koop*	*Frey*
Cables de alta tensión	**Prohibido pisar el césped**	**Prohibido el paso**
Hoogspanning-skabels	Verboden op het gras te lopen	Verboden toegang
Joojspanengs-kaabels	*Ferbooden op jet jras te loopen*	*Ferbooden tujang*

31

Señoras	Lavabos	Ascensor
Dames	Toiletten	Lift
Daames	*Tualeten*	*Lieft*
Caballeros	**Se prohíbe la entrada**	**Se prohíbe fumar**
Heren	Verboden toegang	Niet roken
Jeeren	*Ferbooden tujang*	*Niit rooken*
Ocupado	**Abierto**	**Silencio**
Bezet	Open	Stilte
Beset	*Oopen*	*Stelte*
Prohibido fijar carteles	**A la derecha (izquierda)**	**Cuidado con la pintura**
Verboden aan te plakken	Naar rechts (links)	Nat
Ferbooden aan te plaken	*Naar rejts (lenks)*	*Nat*
Tirar	**Empujar**	**Privado**
Trekken	Duwen	Privee
Treken	*Duuen*	*Prifee*
Atención al...	**Obras**	**Llame al timbre**
Let op...	Werk in uitvoering	Bellen
Let op...	*Uerk in eutfureng*	*Belen*

TRAFICO

Cruce
Kruispunt
Kreúspunt

Curva peligrosa
Gevaarlijke bocht
Jefaarleke bojt

Desviación
Wegomlegging
Uéjomléjeng

Estrecho
Nauw
Nau

Autopista
Autosnelweg
Autoosneluej

Peligro
Gevaar
Jefaar

Calle sin salida
Doodlopende straat
Dootloopende straat

Paso a nivel
Spoor wegovergang
Spoor uejooferjang

Dirección única
Eenrichtingsverkeer
Eenrejténgsferkeer

Escuela
School
Sjool

33

Despacio	**Velocidad limitada**
Langzaam	Snelheidsbeperking
Langsaam	*Snelјeytsbeperkeng*

NUMEROS

1. Een *Een*
2. Twee *Tuee*
3. Drie *Drii*
4. Vier *Fiir*
5. Vijf *Feyf*
6. Zes *Ses*
7. Zeven **Seefen**
8. Acht *Ajt*
9. Negen **Neejen**
10. Tien *Tiin*

11. Elf *Elf*
12. Twaalf *Tuaalf*
13. Dertien **Dertiin**
14. Veertien *Feertiin*
15. Vijftien **Feyftiin**
16. Zestien **Sestiin**
17. Zeventien **Seefentiin**
18. Achttien **Ajtiin**
19. Negentien **Neejentiin**

20. Twintig **Tuéntij**
21. Een en twintig **Een** en *tuentij*
22. Twee en twintig **Tuee** en *tuentij*
23. Drie en twintig **Drii** en *tuentij*
24. Vier en twintig **Fiir** en *tuentij*
30. Dertig **Dertij**
40. Veertig **Feertij**
50. Vijftig **Feyftij**

60.	Zestig *Sestij*		
70.	Zeventig *Seefentij*		
80.	Tachtig *Tajtij*		
90.	Negentig *Neejentij*		

100.	Honderd *Jóndert*
200.	Twehonderd *Tueejondert*
300.	Driehonderd *Driijondert*
400.	Vierhonderd *Fiirjondert*
500.	Vijfhonderd *Feyfjondert*
600.	Zeshonderd *Sesjondert*
700.	Zevenhonderd *Seefenjondert*
800.	Achthonderd *Ajtjondert*
900.	Negenhonderd *Neejenjondert*
1.000.	Duizend *Deusent*
10.000.	Tienduizend *Tiindeusent*
100.000.	Honderdduizend *Jonderdeusent*
1.000.000.	Een miljoen *Een melyun*
1.000.000.000.	Een miljard *Een melyart*

1.º	Eerste *Eerte*	6.º	Zesde *Sesde*
2.º	Tweede *Tueede*	7.º	Zevende *Seefende*
3.º	Derde *Derde*	8.º	Achtste *Ajtste*
4.º	Vierde *Fiirde*	9.º	Negende *Neejende*
5.º	Vijfde *Feufde*	10.º	Tiende *Tiinde*

1/2.	Een halve *Een jalfe*
1/3.	Een derde *Een derde*
1/4.	Een vierde *Een fiirde*
1/5.	Een vijfde *Een feyfde*
1/6.	Een zesde *Een sesde*
1/7.	Een zevende *Een seefende*
1/8.	Een achtste *Een ajtste*
1/9.	Een negende *Een neejende*
1/10.	Een tiende *Een tiinde*

35

VIAJE

Viajar es delicioso, cierto, pero debe prevenirse contra pequeños incidentes que podrían convertirse en desagradables problemas. Si usted se desplaza en su propio automóvil, junto al mapa de ruta, que seguramente considerará indispensable, no olvide la GUÍA YALE, que le sacará de apuros si tiene la mala suerte de tener una avería. De la misma forma le ayudará a pasar la Aduana, a sacar billete para el medio de transporte que ha elegido, a saber de qué andén sale su tren o de qué pista despega su avión. Con ella, en fin, podrá entenderse con el taxista o el conductor del autobús, que, muy probablemente, desconocerán el español.

LA ADUANA

Aduana	**Nombre**	**Apellido**
Douane	Voornaam	Achternaam
Duaane	*Foornaam*	*Ajternaam*
Documentación	**Equipaje**	**Pasaporte**
Dokumentatie	Bagage	Paspoort
Dookumentaatsii	*Baajaasye*	*Páspoort*

Permiso internacional de conducir	Regalo	Derechos de aduana
Internationaal rijbewijs	Cadeau	Douanerechten
Enternaatsiioonaal reybeueys	*Kaadoo*	*Duaanerejten*

Oficina de cambio	Por favor, su pasaporte
Wisselkantoor	Uw paspoort, alstublieft
Uéselkantoor	*Uu paspoort, alstubliift*

Muéstreme su documentación y el certificado médico
Toon mij Uw dokumentatie en medisch certifikaat
Toon mey Un dookumentaatsie in meediis certiifiikaat

¿Tiene algo que declarar?	Nada
Heeft U iets aan te geven?	Niets
Jeeft u iits aan te jeefen?	*Niits*

Llevo algunas botellas de whisky y cigarrillos
Ik heb een paar flessen whisky en sigaretten bij mij
Ek jep ein paar flesen ueskii in siijaareten bey mey

37

Abra sus maletas
Maak Uw koffers open
Maak uu kofers oopen

¿Debo pagar por estos regalos?
Moet ik betalen voor deze cadeau's?
Mut ek betaalen foor deese kaadoos?

¿Qué hay en estos paquetes?
Wat zit er in deze pakjes?
Uat set er in deese pakyes?

Objetos de uso personal y algunos artículos de cocina
Persoonlijke voorwerpen en keukengeredschap
Persoonleke foeruerpen in keukenjereetsapj

¿Puedo cerrar mis maletas?
Kan ik mijn koffers sluiten?
Kan ek meyn kofers sleuten?

¿Cuánto debo pagar?
Hoeveel moet ik, betalen?
Jufeel mut ek betaalen?

¿Está todo en orden?
Is alles in orde?
Es ales in orde?

¿Dónde está la oficina de cambio?
Waar is het wisselkantoor?
Udar is jet uéselkantoor?

¿Cuál es la cotización de la peseta?
Wat is de koers van de peseta?
Uat is de kurs fan de peseetaa?

¿Puede cambiarme... pesetas?
Kunt U... pesetas wisselen?
Kent u... peseetaas ueselen?

38

EL BARCO

Puerto
Haven
Jaafen

Muelle
Kade
Kaade

Camarote
Hut
Jet

Proa
Voorsteven
Foorstefen

Popa
Achtersteven
Ajtersteefen

Bodega
Ruim
Reum

Babor
Bakboord
Bakboort

Estribor
Stuurboord
Sturboort

Timón
Roer
Rur

Cubierta
Dek
Dek

Capitán
Kapitein
Kaapiiteyn

Práctico
Loods
Loots

Marinero	**Travesía**	**Hacer escala**
Zeeman, matroos	Zeereis	Aanleggen
Seeman, maatroos	*Seereys*	*Aanlejen*

Atracar	**Levar anclas**	**Hamaca**
Aanleggen	Anker lichten	Dekstoel
Aanlejen	*Anker lejten*	*Dekstul*

¿Qué día (a qué hora) sale el barco para...?
Op welke dag (om welke tijd) vertrekt de boot naar...?
Op uelke daj (om uelke teyt) fertrekt de boot naar...?

Desearía un pasaje para...
Ik wil een passage naar...
Ek uel ein pasaasye naar...

Deme un camarote de primera clase
Geef mij een eerste klas hut
Jeef mey ein eerste klas jut

Debe estar en el puerto dos horas antes de la salida
U moet twee uur voor het, vertrek aan de haven zijn
U mut tuee un foor jet fertrek aan de jaafen seyn

¿De qué muelle sale el barco?
Vanaf welke kade vertrekt het schip?
Fanaf uelke kaade fertrekt jet sjep?

¿Dónde está mi camarote?
Waar is mijn hut?
Uaar is meyn jut?

Su camarote está situado a propa
Uw hut is bij de voorsteven
Un jut is bey de Foorstefen

Por aquí, ¡cuidado con la cabeza!
Hierheen, pas op voor Uw hoofd!
Jürjeen pas op foor un jooft

Estos bultos deben ir en la bodega
Deze bagage moeten reizen in de bagageruimte
Deese bajaasye muten reysen in de baajaasyereumte

¿Cuántas escalas haremos antes de llegar a...?
Hoeveel havens lopen wij aan voordat wij... bereiken?
Jufeel jaafens loopen uey aan foordat uey... bereyken?

El barco atracará en los puertos de...
Het schip zal de havens aanlopen van...
Jet sjep sal de jaafens aanloopen fan...

¡Atención! El barco va a levar anclas
Kijk! Het anker wordt gelicht
Keyk! Jet ánker uort jelejt

¡Agárrese bien!
Houdt U goed vast!
Jaút u jut fast!

Me mareo
Ik ben zeeziek
Ek ben seesiik

¿Tiene píldoras contra el mareo?
Heeft U pillen tegen zeeziekte?
Jeft u pelen teejen seesiikte?

¿Dónde está el bar?
Waar is de bar?
Uaar es de bar?

41

No abre hasta las diez
Die is niet open voor tien uur
*Dii is niit **oopen** foor **tiin ur***

Camarero, ¿puede proporcionarme una hamaca?
Steward kunt u voor een dekstoel zorgen?
*Stiuard **kunt** iu foor **ein dek**stulzorjen?*

Entramos ya en el puerto
Wij lopen nu de haven binnen
*Uey **loopen** nu de **jaafen binen***

¿Tardaremos en desembarcar?
Duurt het lang voordat wij aan land gaan?
*Dur jet **lang** foordat uey aan **lant** jaan?*

Sírvase bajar mis maletas al muelle
Zet mijn bagage op de kade alstublieft
*Set meyn baa**jaas**ye op de **kaa**de alstubliift*

EL TREN

La estación	**El andén**	**Las vías**
Het station	Het perron	De rails
Jet staatsiion	*Jet perón*	*De rels*
Locomotora	**Ventanilla**	**Revisor**
Lokomotief	Raam	Kontroleur
Lookoomootiif	*Raam*	*Kontrooleur*
Mozo	**Viajero**	**Baúl**
Kruier	Reiziger	Hutkoffer
Kreuer	*Reysejer*	*Jetkofer*
Maleta	**Maletín**	**Equipaje**
Koffer	Handkoffer	Bagage
Kofer	*Jantkofer*	*Baajaasye*

43

Billete	**Ida**	**Ida y vuelta**
Plaatsbewijs, kaartje	Enkele reis	Retour
Plaatsbeueys, Kaartye	*Enkele reys*	*Retur*

Primera	**Segunda**	**Consigna**
Eerste klas	Tweede klas	Bagage-depot
Eerste klas	*Tueede klas*	*Baajaasye-deepoo*

Coche cama	**Coche restaurante**
Slaapwagen	Restauratiewagen
Slaapuaajen	*Restauraatsiiuaajen*

¿Dónde está la taquilla?
Waar is het loket?
Uaar is jet looket?

¿Cuál es el precio de un billete para...?
Wat kost een kaartje naar...?
Uat kost ein kaartye naar...?

Hoy no hay tren
Er gaat vandaag geen trein
Er jaat fandaaj jeen treyn

Un billete para Amsterdam
Een kaartje naar Amsterdam
Ein kaartye naar Amsterdam

¿Para qué tren?
Voor welke trein?
Foor uelke treyn?

44

¿Hay tarifa reducida para niños?
Is er een speciaal tarief voor kinderen?
Es er ein speesiiaal taariif foor kenderen?

¿Cuánto es?
Hoeveel is het?
Jufeel is jet?

Quiero facturar mi equipaje
Ik wil mijn bagage aangeven
Ek uel meyn baajaasye aanjeefen

Aquí están los talones
Hier zijn de recu's
Jiir seyn de resus

Ponga estas maletas en el tren
Zet deze koffers in de trein
Set deese kofers in de treyn

Estas son mis maletas
Dit zijn mijn koffers
Dit seyn meyn kofers

¿A qué hora sale el tren para...?
Hoe laat gaat de trein naar...?
Ju laat jaat de treyn naar...?

Dentro de diez minutos
Over tien minuten
Oofer tiin miinuten

El tren para... sale del andén n.º 4
De trein naar... Vertrekt van perron n.º 4
De treyn naar... fertrekt fan peron numer fiir

¿Es éste el tren para...?
Is dit de trein naar...?
Is dit de treyn naar...?

¿Dónde está el quiosco de periódicos?
Waar is de krantenkiosk?
Uaar is de krantenkiiosk?

Un horario, por favor
Een dienstregeling, alstublieft
Ein diinstreejeleng, alstubliift

Sres. viajeros, al tren
Reizigers instappen
Reysejers enstapen

Este asiento está ocupado
Deze plaats is bezet
Deese plats is beset

¿Por qué se para el tren?
Waarom stop de trein?
Uaarom stopt de treyn?

Paramos aquí media hora
Wij stoppen hier een half uur
Uey stopen jiir ein jalf ur

¿Me permite fumar, señora?
Mag ik roken, mevrouw?
Maj ek rooken mefrau?

Por favor, cierre la ventanilla
Sluit alstublieft het raam
Sleut alstubliift jet raam

Billetes, por favor
Kaartjes, alstublieft
Kaártyes, alstubliift

¿Dónde está el coche restaurante?
Waar is de restauratiewagen?
Uaar is de restauraatsiiuaajén?

¿Tengo que hacer transbordo?
Moet ik overstappen onderweg?
*Mut ek **oo**ferstapen onder**uej**?*

Debe cambiar de tren en...
U moet overstappen in...
*U mut **oo**ferstapen en...*

Avíseme a las siete
Roep mij om zeven uur alstublieft
*Rup mey om **see**fen ur alstu**bliift***

¿Cuántas estaciones faltan para llegar a...?
Hoeveel stations komen er nog voordat wij in... zijn?
***Ju**feel staatsii**ons** koomen er noj **foor**dat uey in... seyn?*

¿A qué hora llegamos?
Hoe laat komen wij aan?
Julaat koomen uey aan?

Llevamos 15 minutos de retraso
Wij hebben 15 minuten vertraging
*Uey jeben **feyf**tiin mii**nu**ten fer**traa**jing*

Recoja mi equipaje
Neem mijn bagage mee alstublieft
*Neem meyn baaj**aa**sye mee alstubliift*

Este maletín no es mío
Deze handkoffer is niet van mij
*Deese **jant**kofer is **niit** fan **mey***

Búsqueme un taxi
Zoek een taxi voor mij alstublieft
*Suk en **tak**sii foor mey alstu**bliift***

47

VIAJE EN AUTOMOVIL

El viaje en automóvil es delicioso, cierto, pero debe prevenirse contra pequeños incidentes que podrían convertirse en desagradables problemas. Junto al mapa de ruta, que seguramente considerará indispensable, no olvide poner la GUÍA YALE, que le sacará de apuros si tiene la mala suerte de tener una avería o simplemente para entablar un sencillo diálogo con el expendedor de gasolina.

AUTOMOVIL
(Servicio y averías)

Aceite	Acelerador	Agua
Olie	Versnelling	Water
Oolii	*Fersneleng*	*Uaater*

48

Aire	**Avería**	**Batería**
Lucht	Pech	Akku
Lugt	*Pej*	*Aku*
Biela	**Bobina**	**Bomba**
Zuigerstang	Spoel	Pomp
Seujerstang	*Spul*	*Pomp*
Bujía	**Caja de cambios**	**Cámara**
Bougie	Versnellingsbak	Binnenband
Bují	*Fersnelengsbak*	*Benenbant*
Capot	**Carburador**	**Cárter**
Motorkap	Vergasser	Carter
Mootorkap	*Ferjaser*	*Carter*
Cigüeñal	**Cinturón de seguridad**	**Correa de ventilador**
Krukas	Veiligheidsriem	Ventilatorriem
Krukas	*Feylejeytsriim*	*Fentiilaatorriim*
Culata	**Depósito**	**Desembrague**
Cilinderkop	Tank	Ontkoppeling
Siilenderkop	*Tenk*	*Ontkopeling*
Dinamo	**Embrague**	**Faro (antiniebla)**
Dynamo	Koppeling	Koplamp (antimist)
Diinaamoo	*Kopeleng*	*Koplamp (antiimist)*
Filtro	**Freno**	**Fusible**
Filter	Rem	Zekering
Filter	*Rem*	*Seekering*

49

Gasolina	**Gato**	**Guardabarros**
Benzine	Krik	Spatbord
Bensiine	*Krek*	*Spatbort*

Intermitente	**Junta de culata**	**Limpia-parabrisas**
Knipperlicht	Cilinderkop-pakking	Ruitewisser
Kneperligt	*Siilenderkoppakeng*	*Reuteueser*

Llave de contacto	**Matrícula**	**Mezcla**
Kontaktsleutel	Nummerplaat	Mengsel
Kontaktsleutel	*Numerplaat*	*Mengsel*

Motor	**Neumático**	**Palanca**
Motor	Band	Hendel
Mootor	*Bant*	*Jendel*

Parabrisas	**Parachoques**	**Pedal**
Voorruit	Bumper	Pedaal
Foorreut	*Bemper*	*Pedaal*

Pilotos	**Pinchanzo**	**Pistón**
Kontaktlampjes	Lekke band	Zuiger
Kontáktlampyes	*Leke bant*	*Seujer*

Platinos	**Portezuela**	**Radiador**
Contact punten	Portier	Radiator
Contact punten	*Portiir*	*Raadiiaator*

Rueda	**Segmentos**	**Tubo de escape**
Wiel	Segmenten	Knalpijp
Uiil	*Sejmenten*	*Knalpeyp*

Válvula　　**Volante**
Klep　　　　　Stuurwiel
Klep　　　　*Sturuiil*

Tengo un neumático deshinchado
Ik heb een lekke band
Ek jep ein leke bant

Repase las bujías
Kijk de bougies na
Keyk de busiis naa

Cargue la batería
Laadt de akku op
Laat de aku op

Tengo avería
Ik heb pech
Ek jep pej

Mi coche se ha averiado a... ¡kilómetros de aquí
Mijn auto staat stil op... kilometer hiervandaan
Meyn autoo staat stil op... kiiloomeeter jiirfandaan

¿Puede usted remolcarme?
Kunt U mij slepen?
Kent u mey sleepen?

El coche no arranca
De auto start niet
De auto start niit

El radiador pierde
De radiator lekt
De raadiiaator lekt

51

El motor está agarrotado
De motor is vastgelopen
De mootor es fastjeloopen

El embrague no funciona
De koppeling werkt niet
De kopeleng uerkt niit

¿Dónde está el garaje?
Waar is de garage?
Uaar is de jaaraasye?

¿Está abierto por la noche?
Is de garage's nachts open?
Es de jaaraasye snajts oopen?

Llene el depósito
Vol alstublieft
Fol alstubliift

Veinte litros, por favor
Twintig liter, alstublieft
Tuentej liiter, alstubliift

Son... florines
Het is... gulden
Jet is... jelden

Necesito aceite (agua)
Ik heb olie (water) nodig
Ek jep oolii (uaater) noodej

Quiero cambiar el aceite
Ik wil olie verversen
Ek uel oolii ferfersen

¿Pueden engrasar el coche?
Kunt U mijn auto doorsmeren?
Kent u meyn autoo doorsmeeren?

52

Llene el radiador
Vul de radiator
Fel de raadiiaator

Revise los neumáticos
Kijk de banden na
Keyk de banden naa

¿Tienen ustedes repuestos?
Heeft U reserveonderdelen?
Jeeft u resérfeonderdeelen?

Tenemos que pedir recambios
Wij moeten reserveonderdelen bestellen
Uey múten resérfeonderdeelen bestelen

¿Tienen un mecánico?
Is er een monteur?
Is er ein monteur

¿Cuánto tiempo tardarán en lavarlo (repararlo)?
Hoe lang duurt het wassen (de reparatie)?
Ju land durt jet uasen (de reepaaraatsit)?

Tardará tres días
Het duurt drie dagen
Jet durt drii daajen

Necesita bujías nuevas
De auto heeft nieuwe bougies nodig
De autoo jeeft niiue bugiis noodij

¿Pueden hacer un arreglo provisional?
Kunt U de auto voorlopig repareren?
Kent y de autoo foorloping reepaareeren?

Hay que reparar el carburador
De vergasser moet gerepareed worden
De ferjasser mut jereepaareert uorden

¿Qué le pasa?
Wat is er aan de hand?
Uat is er aan de jant

La batería está descargada
De akku is leeg
De aku is leej

¿Dónde está la comisaría (el hospital)?
Waar is het politiebureau (het ziekenhuis)?
Uaar is jet pooliitsiiburoo (jet siikenjeus)?

Hay un accidente a... kilómetros de aquí
Er is een ongeluk gebeurd op... kilometer van hier
Er is ein onjelek jebeurt op... kiiloomeeter fan jiir

Hay heridos
Er zijn gewonden
Er seyn jeuonden

Llamen a un médico
Waarschuw een dokter
Uaarsjuu ein dokter

¿Está usted herido?
Bent U gewond?
Bent u jeuont?

Aquí esta mi póliza de seguros
Hier is mijn verzekeringspolis
Jiir es meyn ferseekerengspooles

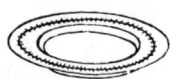

AUTOMOVIL
(Alquiler, en carretera)

Norte	**Sur**	**Este**
Noord	Zuid	Oost
Noort	*Seut*	*Oost*

Oeste	**Por aquí**	**Por allá**
West	Hierheen	Daarheen
Uest	*Jiirjeen*	*Daarjeen*

A la derecha (izquierda)	**Lejos**	**Cerca**
Naar rechts (links)	Ver	Dichtbij
Nar rejts (lenks)	*Fer*	*Dejtbey*

Deseo alquilar un coche
Ik will ecn auto huren
Ek uel ein autoo juren

Aquí está mi carnet de conducir
Hier is mijn rijbewijs
Jiir is meyn reýbeueys

¿Cuál es el precio por km (por día)?
Wat is de prijs per kilometer (per dag)?
Uat is de preys per kiiloomeeter (per daj)?

Incluido el seguro
Verzekering inklusief
Ferseekereng enklusiif

¿Debo dejar fianza?
Moet ik een borgsom betalen?
Mut ek ein borjsom betaalen?

¿Puedo dejar mi coche aquí?
Kan ik hier parkeren?
Kan ek jiir parkeeren?

¿Cuánto tiempo?
Hoe lang?
Ju lang?

Toda la noche
De hele nacht
De jeele najt

¿A qué distancia está...?
Hoe ver is het naar...?
Ju fer is jet naar...?

Son unos... kilómetros
Het is ongeveer... kilometer
Je is onjefeer... kiiloomeeter

No está lejos
Het is niet ver
Jet is niit fer

Para ir a..., por favor
De weg naàr..., alstublieft
De uej naar..., alstubliift

Siga, va en dirección correcta
U ben op de juiste weg
U bent op de yuiste uej

¿Es buena la carretera?
Is de weg goed?
Is de uej jut?

Sí, pero con muchas curvas
Ja, maar er zijn veel bochten
Yaa, maar er seyn feel bojten

¿Es esta la carretera para...?
Is dit de weg naar...?
Is det de uej naar...?

Gire a la izquierda en el primer cruce
Bij het volgende kruispunt moet u linksaf slaan
Bey jet foljende kreuspent mut u lenksaf slaan

¿Puede hacerme un croquis?
Kunt u het uittekenen?
Kent u jet eutteekenen?

¿Puede recomendarme un buen restaurante?
Kunt U mij een goed restaurant aanbevelen?
Kent u mey ein jut restaurant aanbefeelen?

Vaya a... Le atenderán bien
Gaat U naar... U zal daar goed bediend worden
Jaat u naar... U sal daar just bediint uorden

¿Está lejos?
Is het ver?
Is jet fer?

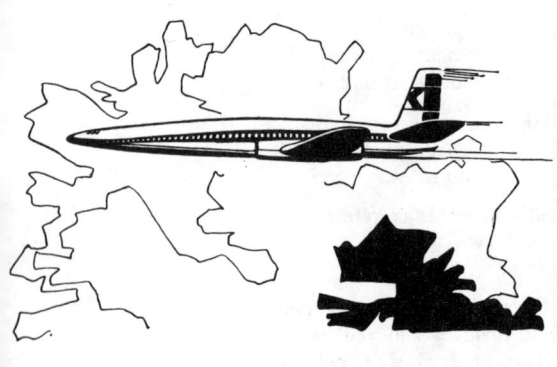

AVION

Aeropuerto	Pista de aterrizaje	Hélice
Vliegveld	Landingsbaan	Propeller
Fliijfelt	*Landingsbaan*	*Proopeler*
Piloto	**Radiotelegrafista**	
Piloot	Radiotelegrafist	
Piiloot	*Raadiiooteelejraafist*	
Azafata	**Cinturón de seguridad**	**Vuelo**
Stewardess	Verligheidsriem	Vlucht
Styuardes	*Feylejeytsriim*	*Flejt*
Motores	**Butaca**	**Estación terminal**
Motoren	Zitplaats	Terminal
Mootooren	*Sitplaats*	*Termiinal*

58

Deseo una reserva para el próximo vuelo a...
Ik wil een plaats bespreken voor de volgende
vlucht naar...
*Ek uel ein plaats bespreeken foor de foljende flejt
naar...*

¿Cuánto equipaje admiten libre de pago?
Hoeveel bagage mag ik vrij meenemen?
Jufeel baajaasye maj ek frey meeneemen?

¿Cómo puedo trasladarme al aeropuerto?
Hoe kan ik op het vliegveld komen?
Ju kan ek op jet fliijfelt koomen?

En el autocar de la compañía
In de bus van de maatschappij
In de bus fan de maatsjappey

El altavoz le avisará
De luidspreker zal u waarschuwen
De Leutspreeker sal u uaarsjuuen

**Se ruega a los pasajeros del vuelo... pasen a la
puerta...**
Passagiers voor vlucht... worden verzocht zich naar
gate... te begeven
*Pasaasyers foor flejt... uorden fersojt sij naar geit...
te bejeefen*

Prohibido fumar
Verboden te roken
Ferbooden te rooken

Por favor, abróchense los cinturones
Riemen vastmaken, alstublieft
Riimen fastmaaken, alstubliift

No deben fumar hasta que hayamos despegado (aterrizado)
Niet roken tot na het opstijgen (dalen)
Niit rooken tot naa jet opsteyjen (daalen)

Deme un poco de algodón para los oídos, por favor
Heeft u watjes voor mijn oren, alstublieft
Jeeft u uatyes foor meyn ooren, alstubliift

¿Dónde estamos ahora?
Waar bevinden wij ons nu?
Uaar befenden uey ons nu?

¿Quiere tomar algo?
Wilt u iets drinken?
Uelt u iits drinken?

Una taza de café, por favor
Een kop koffie, alstublieft
Ein kop kofii alstubliift

Hay algo de niebla
Het is een beetje mistig
Jet es ein beetye mistij

Aterrizaremos dentro de diez minutos
Wij landen over tien minuten
Uey landen oofer tiin miinuten

El avión está descendiendo
Het vliegtuig daalt
Jet fliijteuj daalt

Retire su equipaje en la estación terminal
U kunt uw bagage in de terminal afhalen
U kent uu baajaasye in de termiinal afjaalen

Ha sido un viaje muy agradable
Het is een aangename reis geweest
Jet is ein aanjenaame reys jeueest

AUTOBUS Y METRO

Quiero ir a...
Ik wil naar... gaan
Ek uel naar... jaan

¿Qué autobús debo tomar?
Welke bus moet ik nemen?
Uelke bus mut ek neemen?

Para aquí
Stop hier
Stop jiir

¿Pasa este autobús por...?
Komt deze bus langs...?
Komt deese bus langs...?

El metro le deja muy cerca
Met de metro komt u er dichtbij
Met de meetro komt u er dejtbey

61

(Dígame) ¿Dónde debo apearme?
(Kunt u mij zeggen) Waar moet ik uitstappen?
(Kent u mey sejen) Uaar mut ek eutstapen?

Dos billetes, ¿Cuánto es?
Twee kaartjes. Hoeveel is het?
Tuee kaartyes. Jufeel is jet?

¿Está lejos?
Is het ver?
Is jet fer?

Ya ha llegado usted
U bent er al
U bent er al

TAXI

Lléveme a la calle...
Breng mij naar de... straat alstublieft
Breng mey naar de... straat alstubliift

Deme una vuelta por la ciudad
Rij mij de stad rond alstublieft
Rey mey de stat ront alstubliift

¿Cuánto me costaría ir a...?
Hoeveel kost een rit naar...?
Jufeel kost ein rit naar...?

Espéreme un momento
Wacht u even alstublieft
Uajt u efen alstubliift

Vuelvo ahora mismo
Ik kom zo terug
*Ek kom **soo** te**ruj***

No puedo esperar
Ik kan niet wachten
*Ek kan niit **uaj**ten*

Le espero enfrente
Ik wacht aan de overkant
*Ek uajt aan de **oo**ferkant*

Ya hemos llegado
Wij zijn er al
*Uey **seyn** er al*

¿Qué le debo?
Hoeveel is het?
***Ju**feel **is** jet?*

Tenga, para usted
Dit is voor u
***Dit** is foor u*

Venga a buscarme mañana a las diez
Kom mij morgen om tien uur halen alstublieft
*Kom mey morjen om tiin ur **jaa**len, alstubliift*

Lléveme a un buen hotel
Breng mij naar een goed hotel
*Breg mey naar ein jut joo**tel***

¿Está muy lejos?
Is het ver weg?
*Is jet **fer uej**?*

¿Sabe usted dónde está...?
Weet u waar... is?
*Uet **u** uaar... is?*

63

HOTEL

En todo buen hotel tendrá un adecuado servicio de intérpretes, pero usted no puede pretender disponer de uno en exclusiva. Con la GUÍA YALE estará seguro de hacerse comprender en todo momento y podrá disfrutar al máximo de su estancia y de la original cocina holandesa.

LA LLEGADA

Gerente	**Portero**	**Botones**
Direkteur	Portier	Piccolo
Diirekteur	*Portiir*	*Piikooloo*
Maitre	**Camarero**	**Camarera**
Ober	Kelner	Kamermeisje
Oober	*Kelner*	*Kaamermeysye*
Comedor	**Dormitorio**	**Bar**
Eetzaal	Slaapkamer	Bar
Eetsaal	*Slaapkaamer*	*Bar*

Cuarto de baño	Cama	Llave
Badkamer	Bed	Sleutel
Batkaamer	*Bet*	*Sleutel*

Por favor, ¿tienen habitaciones libres?
Heeft U kamers vrij?
Jeeft u kaamers frey?

Tengo reservada una habitación
Ik heb een kamer gereserveerd
Ek jep ein kaamer jereeserfeert

Desearía una habitación exterior (interior)
Ik will een kamer aan de voorkant (achterkant)
Ek uel ein kaamer aan de foorkant (ajterkant)

Para una persona
Voor een persoon
Foor ein persoon

Para dos personas
Voor twee personen
Foor tuee persoonen

Quiero una habitación con baño
Ik wil een kamer met badkamer
Ek uel ein kaamer met batkamer

¿Cuánto tiempo piensa quedarse, señor?
Hoe lang blijft U, meneer?
Ju lang bleyft u, meneer?

Esta noche
Vannacht
Fanajt

Unos tres días
Ongeveer drie dagen
*Onjefeer **drii daaj**en*

¿Cuál es el precio?
Hoeveel kost het?
Jufeel kost jet?

¿Desea la habitación sola, media pensión o completa?
Wilt U enkelt de kamer, half pension of vol pension?
Uel U enkelt de kamer, jalf pension of fol pension?

¿Incluido el desayuno?
Met ontbijt?
Met ontbeyt?

¿Podría ver la habitación?
Kan ik de kamer zien?
Kan ek de kaamer siin?

Es demasiado oscura
Het is te donker
*Jet is te **don**ker*

Hay demasiado ruido
Er is te veel lawaai
*Er is te feel laa**uaay***

¿Le gusta ésta?
Bevalt deze u?
*Be**falt** deese u?*

Está bien, gracias
Het is goed, dank U
Jet is jut, dank u

Suban mi equipaje, por favor
Breng mijn bagage naar boven, alstublieft
*Breng meyn baa**jaa**sye naar **boo**fen alstubliift*

LA ESTANCIA

Agua	**Jabón**	**Toalla**
Water	Zeep	Handdoek
Uaater	*Seep*	*Janduk*

Guía telefónica	**Ropa**	**Manta**
Telefoonboek	Goed-kleding	Deken
Teelefoonbuk	*Jut kleeding*	*Deeken*

Papel de cartas	**Sobre**	**Sello**
Schrijfpapier	Envelop	Postzegel
Sjraifpapiir	*Enfelop*	*Postseejel*

Ventana	**Puerta**	**Vaso**
Raam	Deur	Glas
Raam	*Deur*	*Jlas*

Mi llave, por favor, número...
Mijn sleutel, nummer... alstublieft
Meyn sleutel, numer... alstublieft

¿Hay alguna carta para mí?
Is er post voor mij?
Is er post foor mey?

Envíeme un botones
Stuur de piccolo alstublieft
Stur de piikooloo alstublieft

¡Adelante!
Binnen!
Binen!

¿Dónde está la guía telefónica?
Waar is het telefoonboek?
Uaar is jet teelefoonbuk?

El agua está fría
Het water is koud
Jet uaater is kaut

Tráigame toallas, jabón
Breng mij handdoeken, zeep
Breng mey janduken, seep

Encárguese de que me laven la ropa
Breng mijn vuile goed naar de wasserij
Breng meyn feule jut naar de uaserey

¿Podrían limpiarme los zapatos?
Kunnen mijn schoenen gepoetst worden?
Kenen meyn sjunen jeputst uorden?

¿Podrían coserme este botón... planchar mi pantalón?
Kan deze knoop aangenaaid worden... deze broek
gestreken worden?
*Kan deese knoop aanjenaayt uorden... deese bruk
jestreeken uorden?*

Esto es para lavar
Dit is voor de was
Dit is for de uas

Estará listo para mañana
Het is morgen klaar
Jet is morjen klaar

Búsqueme un taxi
Waarschuw een taxi voor mij
Uaarsjuu ein taksii foor ney

68

¿Tiene usted plano de la ciudad?
Heeft U een plattegrond van de stad?
*Jeeft u ein plate**jront** fan de **stat***?

Tengo frío. Ponga otra manta en la cama
Ik heb het koud. Ik wil nog een extra deken
*Ek jep jet **kaút**. Ek uel noj ein **ek**straa **dee**ken*

Sírvase llamarme mañana temprano, a las ocho
Roep mij morgen vroeg, om acht uur, alstublieft
*Rup mey **mor**jen **fruj**, om **ajt** ur, alstu**bliift***

LA PARTIDA

Marcharé mañana por la mañana a...
Ik vertrek morgenochtend om:...
*Ek fer**trek mor**jenojtent om...*

Prepare mi cuenta, por favor
Maak mijn rekening klaar, alstublieft
*Maak meyn **ree**kening klaar alstu**bliift***

¿Quiere repasarla? Sólo he estado dos noches, no tres
Wilt U dit nazien? Ik ben maar twee nachten in niet drie hier geweest
*Uelt u dit **naa**siin? Ek ben maar **tuee naj**ten in niit **drii** jiir je**ueest***

Gracias. ¿Está todo incluido?
Dank U. Is alles inbegrepen?
*Dan u. Es ales **en**bejreepen?*

Sírvase bajar mis maletas
Wilt U mijn bagage naar beneden brengen
*Uelt u meyn baa**jaa**sye naar be**nee**den **bren**guen*

COMIDAS

Desayuno	**Comida**	**Cena**
Ontbijt	Lunch	Avondeten
Ontbeyt	*Lunch*	*Afondeiten*

Régimen	**Carta**	
Dieet	Menu	
Dieet	*Menu*	

¿A qué hora se sirve la comida, la cena?
Hoe laat is de lunch, het avondeten
*Ju laat is de **lunch**, jet afondeiten*

Suba el desayuno a mi habitación
Breng mijn ontbijt op de kamer
Breng meyn ontbeyt op de kaamer

Sírvame en seguida, tengo prisa
Ik heb haast, bedien mij alstublieft snel
Ek jep jaast, bediin mey alstubliift snel

Tomaré el menú del día
Ik neem het menu van de dag
Ek neem jet menu fan de daj

Tráigame por favor una comida de régimen
Breng mij een dieetmaaltijd alstublieft
Breng mey ein diieetmaalteyt alstubliift

No vendré a comer. ¿Puede prepararme una bolsa de comida?
Ik kom niet lunchen. Kunt U mij een lunchpakket meegeven?
Ek kom niit lunchen. Kent u mey ein lunchpaket meejeefen?

¿Podría tomar algo a esta hora?
Kan ik nu iets gebruiken?
Kan ek nuiits jebreúken?

El comedor está cerrado
De eetzaal is gesloten
De eetsaal is je slooten

Póngalo en mi cuenta. Habitación número...
Zet het op mijn rekening. Kamer nummer...
Set jet op meyn reekening Kaamer nemer...

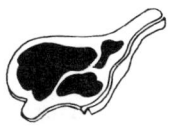

71

EN EL RESTAURANTE

Aunque en todos los restaurantes encontrará el menú escrito con sus precios, siempre tendrá necesidad de entablar un pequeño diálogo con el camarero, pedirle aclaración sobre la composición de algunos platos o elegir la bebida.

Teniendo la GUÍA YALE no se cree preocupaciones inútiles. Dé un vistazo a estas frases y aplíquelas en cuanto tenga oportunidad.

RESTAURANTE

Mantel	Servilleta	Vaso (copa)
Tafellaken	Servet	Glas
Taafellaaken	*Serfet*	*Jlas*
Taza	Menú	Cuenta
Kopje	Menu	Rekening
Kopye	*Menu*	*Reekening*

¿Dónde podemos sentarnos?
Waar kunnen wij gaan zitten?
Uaar kenen uey jaan seten?

Camarero, una mesa para cuatro
Ober, een tafel voor vier personen
Ouber, ein taafel foor fiir persoonen

72

Tenedor Vork *Fork*	**Cuchara** Lepel *Leepel*	**Cuchillo** Mes *Mes*
Vaso Glas *Jlas*	**Plato** Bord *Bort*	**Pan** Brood *Broot*
Vino Wijn *Ueyn*	**Sopa** Soep *Sup*	**Marisco** Schelpdieren *Sjelpdiiren*
Pescado Vis *Fis*	**Carne** Vlees *Flees*	**Fruta** Fruit *Freut*

Deme la carta
Het menu, alstublieft
Jet menu, alstublííft

¿Cuál es la especialidad de la casa?
Wat is Uw specialiteit?
Uat is uu speesiiaaliiteyt?

¿Qué vino me recomienda?
Welke wijn raadt U mij aan?
Uelke ueyn raat u mey aan?

Estoy a régimen
Ik ben op dieet
Ek ben op diieet

Tráiganos...
Breng ons...
Breng ons...

Quisiera comenzar con un consomé
Vooraf wil ik bouillon
Fooraf uel ek buiyon

Después tomaré un solomillo poco hecho
Daarna licht gebakken biefstuk
Daarnaa lijt jebaken biifstek

Bastante, gracias
Voldoende, dank U
Foldunde, dank u

Sírvame más, por favor
Wat meer, alstublieft
Uat meer alstublííft

Sin salsa
Zonder saus
Sonder saus

Tráiganos agua mineral
Breng ons mineraalwater alstublieft
Breng ons miineraaluaater alstubliift

La cuenta, por favor
De rekening, alstublieft
De reekening, alstubliift

¿Está incluido el servicio (propina)?
Is de bediening inbegrepen (fooi)?
Is de bediineng enbejreepen (fooy)?

TERMINOS DE COCINA

Cocido	**Sofrito**	**Frito**
Gekookt	Licht gebakken	Gebakken
Jekockt	*Lijt jebaken*	*Jebaken*

Braseado	**Asado**	**A la parrilla**
Klaargemaakt op gloeiende kool	Gebraden	Geroosterd
Klaarjemaakt op jluyende kool	*Jebraaden*	*Jeroostert*

Crudo	**Muy poco hecho**	**Poco hecho**
Rauw	Heel licht gebakken	Licht gebakken
Rau	*jeel lijt jebaken*	*Lijt jebaken*

Regular	Bien hecho	Al horno
Half	Goed doorbakken	In de oven
Jalf	*jut doorbaken*	*In de oofen*

LISTA DE ALIMENTOS
Condimentos

Aceite	Vinagre	Mostaza
Olie	Azijn	Mosterd
Oolii	*Aaseyn*	*Mostert*

Sal	Pimienta negra	Pimienta roja
Zout	Zwarte peper	Rode peper
Saut	*Suarte peeper*	*Roude peiper*

Sopas y pastas

Caldo	Canalones	Consomé
Bouillon	Caneloni	Bouillon
Buiyon	*Kaaneloonii*	*Buiyon*

Fideos	Macarrones	Puré
Vermicelli	Macaroni	Puree
Fermiiselii	*Maakaaroonii*	*Puree*

Ravioli	Sopa	Tallarines
Ravioli	Soep	Spaghetti
Raafiioolii	*Sup*	*Spaajetii*

Huevos

Huevos	**Escalfados**	**Duros**
Eiren	Gepocheerde	Harde
Eyeren	*Jeposyeerde*	*Jarde*

Pasados por agua	**Revueltos**	**Tortilla**
Zacht gekookte	Roereieren	Ommelet
Sajt jekookte	*Rureyeren*	*Omelet*

Legumbres

Alubias	**Cebolla**	**Col**
Bonen	Ui	Kool
Bounen	*Eu*	*Kool*

Coliflor	**Espárrago**	**Espinaca**
Bloemkool	Asperge	Spinazie
Blumkool	*Aspersye*	*Spiinaasii*

Garbanzo	**Habas**	**Judías verdes (vainas)**
Kikkererwt	Bonen	Sperziebonen
Kekerert	*Boonen*	*Spersiiboonen*

Lechuga	**Lentejas**	**Patatas**
Sla	Linzen	Aardappelen
Slaa	*Lensen*	*Aartapelen*

Pepino	**Rabanitos**	**Setas**
Komkommer	Radijsjes	Paddestoelen
Komkomer	*Raadeysyes*	*Padestulen*

Tomates	**Zanahorias**	
Tomaten	Worteltjes	
Toomaaten	*Uorteltyes*	

Pescado y marisco

Almeja
Mosselen
Moselen

Anguila
Aal
Aal

Anchoa
Ansjovis
Ansyoofes

Atún
Tonijn
Tooneyn

Bacalao
Kabeljauw
Kaabelyau

Bacalao seco
Stokvis
Stokfes

Calamar
Inktvis
Inktfes

Camarón
Garnaal
Jarnaal

Langosta
Kreeft
Kreeft

**Langostino
(gamba)**
Grote garnaal
Jroote jarnaal

Lenguado

Tong
Tong

Lubina

Zeebaars
Seebaars

Mejillón
Mossel
Mosel

Merluza
Kabeljauw
Kaabelyau

Mero
Heilbot
Jeylbot

Ostra
Oester
Uster

Percebe
Eendenmossel
Eendemosel

Pescadilla
Wijting
Ueyteng

Pulpo

Pulp

Pulp

Salmón

Zalm

Salm

**Salmón
ahumado**
Gerookte
zalm
Jerookte salm

Salmonete
Zeehaan
Seejaan

Sardina
Sardine
Sardiine

Trucha
Forel
Foorel

Carnes y caza

Asado de vaca
Roastbeef

Rostbiif

Becada
Snip

Snep

Bistec
Runderlap (steak)

Renderlap (stiik)

Buey
Ossenvlees
Osenfleis

Callos
Pens
Pens

Cerdo
Varken
Farken

Codorniz
Kwartel
Koeartel

Conejo
Konijn
Kooneyn

Cordero
Lam
Lam

Chuleta
Karbonade
Karboonaade

Faisán
Fazant
Faasant

Gallina
Hen
Jen

Hígado
Lever
Leefer

Ganso
Gans
Jans

Jamón
Ham
Jam

Lechón
Speenvarken
Speenfarken

Lengua
Tong
Tong

Liebre
Haas
Jaas

Lomo de cerdo
Varkenslende
Farkenslende

Pato
Eend
Eent

Pavo
Kalkoen
Kalkun

Perdiz

Patrijs
Paatreys

Pichón

Duif
Deuf

Pierna de cordero
Lamsbout
Lamsbaut

Pollo	**Riñones**	**Sesos**
Kip	Niertjes	Hersenen
Kep	*Niirtyes*	*Jersenen*
Solomillo	**Ternera**	
(buey)		
Ossenhaas	Kalfylees	
(oss)		
Osenjaas	*Kafsflees*	
(os)		

Frutas y postres

Albaricoque	**Almendra**	**Avellana**
Abrikoos	Amandel	Hazelnoot
Aabriikoos	*Aamandel*	*Jaaselnoot*
Cereza	**Ciruela**	**Dátiles**
Kers	Pruim	Dadels
Kers	*Pruim*	*Daadels*
Flan	**Fresa**	**Granada**
Pudding	Aardbei	Granaatappel
Puding	*Aartbey*	*Jraanaatapel*
Grosella	**Helado**	**Higo**
Aalbes	Ijs	Vijg
Aalbes	*Eys*	*Feyj*
Mandarina	**Mantequilla**	**Manzana**
Mandarijn	Boter	Appel
Mandaareyn	*Booter*	*Apel*
Melocotón	**Melón**	**Membrillo**
Perzik	Meloen	Kweepeer
Persek	*Melun*	*Kueepeer*

Naranja	**Nuez**	**Pastel**
Sinaasappel	Walnoot	Gebakje
Siinaasapel	*Ualnoot*	*Jebakye*

Pera	**Piña**	**Plátano**
Peer	Ananas	Banaan
Peer	*Anaanas*	*Baanaan*

Queso	**Tarta**
Kaas	Taart
Kaas	*Taart*

Bebidas

Agua mineral	**Anís**	**Café**
Mineraalwater	Anijs	Koffie
Miineraaluaater	*Aaneys*	*Kofii*

Café con leche	**Cerveza**	**Coctel**
Koffie met melk	Bier	Cocktail
Kofii met melk	*Biir*	*Koktel*

Coñac	**Champán**	**Chocolate**
Cognac	Champagne	Chocolademelk
Konyak	*Syampanye*	*Syookoolaademelk*

Ginebra	**Leche**	**Limonada**
Jenever	Melk	Limonade
Yeneefer	*Melk*	*Liimoonaade*

Jerez
Sherry
Syerii

Ron
Rum
Rem

Sidra
Cider
Siider

Sifón
Spuitwater
Speutuaater

Vermut
Vermouth
Vermut

Vino blanco
Nitte wijn
Uete ueyn

Vino tinto

Rode wijn
Roode ueyn

Whisky

Whisky
Ueskii

Zumo de naranja
Sinaasappelsap

Zumo de limón
Citroensap
Siitrunsap

COMPRAS

¿Está seguro de que no va a sucumbir a la tentación de adquirir algún recuerdo o prenda útil? Pero, además, es más que probable que necesite comprar tabaco, desee revelar alguna fotografía o tenga que hacer algún regalo. Y, en cualquiera de estos casos, la GUÍA YALE resultará un inapreciable auxiliar para que usted pueda encontrar exactamente lo que desea.

PERFUMERIA

Crema limpiadora	**Crema nutritiva**	**Leche de belleza**
Reinigingscréme	Voedingscréme	Schoonheidsmelk
Reynijingscrem	*Fudengskrem*	*Sjoonjeytsmelk*

Colonia

Eau de Cologne
Oo de Koolonye

Rimmel

Rimmel
Rimel

Lápiz para cejas

Wenkbrauwen-potlood
Uenkbrauen-potloot

Jabón de tocador

Toiletzeep
Tualetseep

Barra de labios

Lippenstift
Lepensteft

Perfilador de labios

Lippenpotlood
Lepenpotloot

Maquillaje compacto

Kompakte make-up
Kompakte meek-ep

Maquillaje crema

Make-up créme
Meek-ep krem

Maquillaje en polvo

Make-up poeder
Meek-ep puder

Polvos faciales

Gezichtspoeder
Jesijtspuder

Crema depilatoria

Ontharingscréme
Ontjaaringskrem

Desodorante

Deodorant
Deeoodoorant

Champú

Shampoo
Syampoo

Pinzas depilatorias

Pincet
Penset

Esmalte

Nagellak
Naajelak

Quitaesmalte

Remover
Riimufer

¿Podría aconsejarme una buena crema limpiadora?
Kunt u mij een goede reiniginscreme aanbevelen?
Kunt u mey ein jude reynejengskrem aanbefeelen?

Tengo un cutis muy fino (graso, seco)
Ik heb een erg gevoelige (vette, droge) huid
Ek jep ein erj jefúleje (fete, drooje) jeut

Deme una leche de belleza que no sea grasienta
Geef mij een schoonheidsmelk die niet erg vet is
Jeef mey ein sjoonjeitsmelk dii niit erj fet is

Enséñeme algún maquillaje
Laat U mij een make-up zien
Laat u mey eens meek-ep siin

¿En crema o compacto?
Créme of kompakte make-úp?
Krem of kompakte meek-ep?

Este tono es demasiado oscuro (claro)
Deze kleur is te donker (licht)
Deese kleur is te donker (lejt)

Deme un depilatorio suave
Geef mij een zacht ontharingsmiddel
Jeef mey ein sajt ontjaarengsmedel

¿Tiene algún desodorante eficaz?
Heeft U een goede deodorant?
Jeeft u ein jude deeoodoorant?

Un esmalte de uñas rosa (rojo)
Roze (rode), nagellak
Rose (roode), naajelak

Quiero algo más discreto
Ik wil iets minder opvallends
Ek uel iits mender opfalents

Este perfume es demasiado fuerte. Prefiero agua de colonia

Deze parfum is te sterk. Ik heb liever eau de cologne

Deese parfem is te sterk. Ek jeb liifer oo de koolonye

FARMACIA

Calmante	Laxante	Esparadrapo
Pijnstillend middel	Laxeermiddel	Hechtpleister
Peynstelent midel	*Lakseermedel*	*Jejtpleyster*
Alcohol	**Algodón en rama**	**Desinfectante**
Alkohol	Watten	Ontsmetting- smiddel
Alkojol	*Uaten*	*Ontsmetengsmedel*
Pastillas	**Jarabe**	**Píldoras**
Tabletten	Hoestdrank	Pillen
Taableten	*Justdrank*	*Pelen*
Tos	**Dolor de cabeza**	**Quemaduras de sol**
Hoest	Hoofdpijn	Zonnebrand
Just	*Jooftpeyn*	*Sonebrant*
Paños higiénicos	**Receta**	**Termómetro**
Maandverband	Recept	Thermometer
Maantferbant	*Recetp*	*Termoomeeter*

Aspirina	Agua oxigenada	Cepillo de dientes
Aspirine	Waters tofperoxyde	Tandenborstel
Aspiiriine	*Uaaterstof- peeroksiide*	*Tandenborstel*

Dentífrico	Brocha de de afeitar	Hojas de afeitar
Tandpasta	Scheerkwast	Scheermesjes
Tantpastaa	*Sjeerkuast*	*Sjeermesyes*

Loción de afeitado	Acetona	
Scheerlotion	Aceton	
Sjeerlootsiion	*Aaseton*	

Deme jarabe (pastillas)
Geef mij een hoestdrank (hoesttabletten)
Jeef mey ein justdrank (justtaableten)

Sin antibióticos (sulfamidas). Soy alérgico
Zonder antibiotica (sulfamides). Ik ben allergisch
Sonder antiibiiootiikaa (selfaamiides). Ek ben alerjiis

¿Tiene algo contra el insomnio? Que no sean barbitúricos
Heeft U iets tegen slapeloosheid? Maar geen barbituricals
Jeeft u iits teejen slaapeloosjeyt? Maar jeen barbiituriicols

¿Tiene píldoras para el dolor de muelas?
Heeft U pillen tegen kiespijn?
Jeeft u pelen teejen kiispeyn?

87

Deme una crema contra las quemaduras del sol
Geef mij een zonnebrandcréme alstublieft
*Jeef mey ein **son**nebrantkrem alstu**bliift***

Deme un buen linimento
Geef mij een goed wrijfmiddel
*Jeef mey ein **jut uréyf**medel*

¿Quiere servirme esta receta?
Dit recept alstublieft
Det** resept alstu**bliift

Quiero unas pastillas contra el mareo
Ik wil tabletten tegen wagenziekte
*Ek uel taa**ble**ten teejen **uaa**jensiikte*

FOTOGRAFIA

Máquina fotográfica	**Objetivo**	**Disparador**
Fototoestel	Lens	Ontspanner
Footootustel	*Lens*	*Ontspaner*
Visor	**Trípode**	**Ampliación**
Zoeker	Driepoot	Vergroting
Suker	*Driipoot*	*Ferjrooting*
Película	**Filtro**	**Copia**
Film	Filter	Afdruk
Felm	*Felter*	*Afdruk*
Enfoque	**Tamaño**	**Negativo**
Belichting	Formaat	Negatief
Belejteng	*Formaat*	*Neejaatiif*
Color	**Blanco y negro**	**Funda**
Kleur	Zwartwit	Huls
Kleur	*Suartuet*	*Juls*

Haga el favor de darme tres rollos de película
Geef mij alstublieft drie filmrolletjes
Jeef mey alstubliift drii felmroletyes

¿De qué tamaño, por favor?
Welk formaat?
Uelk formaat?

Deme una película en color
Geef mij een kleurenfilm
Jeef mey ein kleúrenfelm

Lo siento, se nos acaban de terminar
Het spijt mij, die zijn net uit verkocht
Jet speyt mey, dii seyn net eutferkojt

Sírvase revelar este rollo y saque dos copias de cada fotografía
Wilt U deze film ontwikkelen en twee afdrukken maken van elke foto
Uelt u deese felm ontuekelen in tuee afdreken maaken fan elke footoo

¿Puede ampliarme estas copias?
Kunt U deze afdrukken vergrotten?
Kent deese afdreken ferjrooten?

Quisiera comprar una cámara. ¿Qué marca me aconseja?
Ik wil een fototoestel kopen. Welk merk raadt U mij aan?
Ek uel ein footootustel koopen. Uelk merk raat u mey aan?

ALMACENES

Camisón
Nachthemd
Najtjemt

Corbata
Das
Das

Cremallera
Rits
Rets

Faja

Korset
Korset

Falda

Rok
Rok

Gafas de sol
Zonnebril
Sonebril

Guantes
Handschoenen
Jantsjunen

Impermeable
Regenjas
Reejenyas

Jersey
Trui
Treu

Liga
Jarretel
Syaretel

Medias
Kousen
Kausen

Pantalón
Pantalon
Pantaalon

Pañuelo
Zakdoek
Sakduk

Paraguas
Paraplu
Paaraaplu

Pendientes
Oorbellen
Oorbelen

Pijama
Pyama
Piiaamaa

Pulsera
Armband
Armbant

Reloj
Horloge
Jorloosye

Sombrero
Hoed
Jut

Sortija
Ring
Ring

Sostén
B.h.
Beejaa

Traje (hombre)
Kostuum
Kostum

Traje de baño
Zwempak
Suempak

Vestido (mujer)
Jurk
Yerk

Algodón
Katoen
Kaatun

Cuero
Leder
Leeder

Encaje
Kant
Kant

91

EN LOS ALMACENES-IN DE WARENHUIZEN

Abrigo
Overjas *(Ooferyas)*

Americana
Kolbert *(Kolbert)*

Boina
Baret (Baaret)

Calcetines
Die sokken
(di soken)

Calzoncillos
Onderbroek
Onderbruk

Camisa
Overhemd *(Ooferjemt)*

Camiseta
Hemd *(Jemt)*

Cinturón
Riem *(Rim)*

Corbata
Stropdas *(Stropdas)*

Impermeable
Regenjas
Reejenyas

Jersey
Trui *(Treu)*

Pantalón
Pantalon *(Pantaalon)*

Gamuza	Hilo	Lana
Gemzeleer	Linnen	Wol
Jemseleer	*Lenen*	*Uol*

Nilón	Rayón	Seda
Nylon	Rayon	Zijde
Naylon	*Rayon*	*Seyde*

Amarillo	Añil	Azul
Geel	Blauwsel	Blauw
Jeel	*Blausel*	*Blau*

Beige	Blanco	Gris
Beige	Wit	Grijs
Beisye	*Uet*	*Jreys*

Malva	Marrón	Morado
Zacht paars	Bruin	Paars
Sajt paars	*Breun*	*Paars*

Naranja	Negro	Rojo
Oranje	Zwart	Rood
Ooranye	*Suart*	*Root*

Rosa	Verde	Claro
Roze	Groen	Licht
Rose	*Jrun*	*Lejt*

Oscuro	Moreno	Rubio
Donker	Bruin	Blond
Donker	*Breun*	*Blont*

¿Dónde está la sección de camisería?
Waar is de overhemden afdeling?
Uaar is de ooferjemden afdeeling?

En la planta baja
Op de begane grond
Op de bejaane gront

Quiero dos camisas de color
Ik wil twee gekleurde overhemden
Ek uel tuee jekleurde ooferjemden

¿De qué talla, por favor?
Welke maat, alstublieft?
Uelke maat, alstubliift?

Las prefiero de popelín
Ik heb het liefst popeline
Ek jep jet lifst poopeliine

La falda es demasiado larga (corta)
De rok is te lang (kort)
De rok is te lang (kort)

Pruébese esta talla mayor
Past deze grotere maat
Past deese jrootere maat

¿Encogen al lavar?
Krimpen ze?
Krempen se?

Enséñeme también corbatas y pañuelos
Wilt U mij ook stropdassen en zakdoeken laten
zien
Uelt u mey ook stropdasen in sakduken laaten siin

**Estos son los últimos modelos que hemos recibido.
Son inarrugables**
Dit zijn de laatste modellen die wij ontvangen
hebben. Ze kreuken niet
*Det seyn de Laatste moodelen dii uey ontfanguen
jeben. Se kreuken niit*

Las quiero menos chillonas
Ik wil minder felle kleuren
Ek uel mender fele kleuren

¿Cuánto vale esto?
Wat kost dit?
Uat kost det?

Es demasiado caro
Het is te duur
Jet is te dur

¿Tiene algo más barato?
Heeft U iets goedkopers?
Jeeft u iits jutkoopers?

¿Cuánto vale el metro de esta tela?
Wat kost deze stof per meter?
Uat kost deese stof per meeter?

¿Puedo probarme este abrigo?
Kan ik deze jas passen?
Kan ek deese yas pasen?

No me gusta este color
Ik vind deze kleur niet mooi
Ek fent deese kleur niit mooy

Los tenemos en todos los tonos
Wij hebben ze in alle kleuren
Uey jeben se in ale kleuren

Quisiera esto en rosa
Ik wil dit in het roze
Ek uel det in jet rose

¿Pueden enviarme este parquete al hotel...?
Kunt U dit pakje naar het... hotel sturen?
Kent u det pakye naar jet... jootel sturen?

REGALOS

Cenicero	Pitillera	Cartera
Asbak	Sigarettenkoker	Portefeuille
Asbak	*Siijaaretenkooker*	*Portefeuye*

Bolso	Estatuilla	Disco
Tas	Beeldje	Plaat
Tas	*Beeltye*	*Plaat*

Quisiera ver algunos regalos originales
Laat mij een paar originele cadeau's zien, alstu-
blieft
Laat mey ein paar ooriigiineele kaadoos siin, alstublijft

Estos bolsos son muy típicos
Deze tassen zijn erg typisch
Deese tasen seyn erj tiipiis

Me gusta este cenicero de cuero repujado
Ik vind deze asbak van bewerkt leer mooi
Ek fint deese asbak fan beverkt leer mooy

¿Podrían poner en él unas iniciales?
Kunt U er initialen op zetten?
Kent u er iiniitsiiaalen op seten?

¿No tiene ningún objeto con el nombre de esta ciudad?
Heeft U niets met de naam van deze stad?
Jeeft u niits met de naam fan deese stat

¿Cuánto cuesta esta figurita?
Hoeveel kost dit beeldje?
Jufeel kost det beeltye?

Enséñeme algunos objetos de cerámica típicos
Ik wil graag enkele typische voorwerpen van kera-
miek zien
*Ek uel jraaj **enkele tiip**iise **fooruerpen** fan keeraa**miik**
siin*

JUGUETES

Muñeca	**Mecano**	**Pelota**
Pop	Mecano	Bal
Pop	*Mee**kaa**noo*	*Bal*

Patines	**Raquetas**	**Pila**
Schaatsen	Rackets	Batterij
Sjaatsen	*Rekets*	*Baterey*

Quiero un juguete para un niño de... años
Ik wil een speelgoed voor een kind van... jaar
*Ek uel ein **speelj**ut foor ein kent fan... yaar*

Vea estas muñecas; no son demasiado caras
Kijk deze poppen eens; die zijn niet zo duur
*Keyk **dees**e **pop**en eens, **dii** seyn niit soo **duur***

¿Qué vale este coche de pilas?
Wat kost deze auto op batterijen?
*Uat kost **dees**e **au**to op bater**ey**en?*

Quiero algo más barato
Ik wil iets goedkopers
*Ek uel iits jut**koo**pers*

Creo que llevaré estos patines
Ik denk dat ik deze schaatsen neem
*Ek denk dat ek **dees**e sj**aat**sen neem*

97

¿Tiene la bondad de enseñarme algún juego instructivo?
Wilt U mij een paar didaktische spellen late zien?
Uelt u mey ein paar diidaktiise spelen laatensiin

¿Es fácil manejar este juguete?
Is dit speelgoed gemakkelijk te bedienen?
Is det speeljut jemakelek te bediinen

¿Puede darme dos pilas de repuesto?
Kunt U mij twee reservebatterijen geven?
Kent u mey tuee reserfebatereyen jeefen?

ZAPATERIA

Zapato	**Zapatillas**	**Ante**
Schoen	Pantoffels	Suede
Sjun	*Pantofels*	*Suede*
Charol	**Sandalias**	**Suela**
Lak	Sandalen	Zool
Lak	*Sandaalen*	*Sool*
Tacón	**Crepé**	**Goma**
Hak	Crepe	Rubber
Jak	*Krep*	*Reber*

Deseo un par de zapatos
Ik wil een paar schoenen
Ek uel ein paar sjunen

¿Cómo los quiere?
Wat voor soort?
Uat foor soort?

De color negro, blanco, combinados
Zwarte, witte, gekombineerde
Suarte, uete, jekombiineerde

Con suela de goma, por favor
Met rubberzool, alstublieft
Met rebersool, alstubliift

Con tacón alto (bajo, delgado, grueso)
Met hoge (lage, smalle, brede) hak
Met jooje (laaje, smále, breede) jak

¿Qué número calza?
Welke maat heeft U?
Uelke maat jeeft u?

¿Le va bien éste?
Zit deze goed?
Sit deese jut?

Creo que me aprietan un poco
Ik geloof dat ze een beetje te nauw zijn
Ek jeloof dat se ein beetye te nau seyn

Pruébese este otro número
Past U deze maat
Past u deese maat

Este me está bien
Deze zit goed
Deese set jut

¿Cuánto vale?
Wat is de prijs?
Uat is de preys?

ESTANCO

Estanco	Tabaco	Cerillas
Tabakswinkel	Tabak	Lucifers
Taabaksuenkel	*Taabak*	*Lusiifers*

Rubio	Negro	Emboquillado
Licht	Zwaar	Met filter
Lejt	*Suaar*	*Met felter*

Papel de fumar	Caja de puros	Paquete de cigarrillos
Vloeipapier	Doos sigaren	Pakje sigaretten
Fluypaapiir	*Doos siijaaren*	*Pakye siijaareten*

Pipa	Petaca	Pitillera
Pijp	Sigarenkoker	Sigarettenkoker
Peyp	*Siijaarenkooker*	*Siijaaretenkooker*

Boquilla	Mechero	Gasolina
Filter	Aansteker	Benzine
Felter	*Aansteeker*	*Bensiine*

Deme un paquete de cigarrillos de emboquillado
Een pakje sigaretten met filter, alstublieft
Ein pakye siijaareten met felter, alstubliift

Deme también una caja de cerillas
Ook een pakje lucifers
Ook ein pakye lusiifers

¿Puede enseñarme algunas pipas?
Kunt U mij een paar pijpen laten zien?
Kent u mey ein paar peypen laaten siin?

Desearía una boquilla
Ik wil een sigarettenpijpje
Ek uel ein siijaaretenpeypye

Enséñeme tarjetas postales
Laat mij alstublieft ansichtkaarten zien
Laat mey alstublíift ansejtkaarten siin

Piedras para el mechero, por favor
Vuursteentjes, alstublieft
Fuursteinches alstublíift

¿Puede cargarme este mechero de gas?
Kunt U deze aansteker met gas vullen?
Kent u deese aansteeker met jas felen?

LIBRERIA

Revista	**Libro**	**Periódico**
Tijdschrift	boek	Krant
Teitsjrift	*Buk*	*Krant*
Papel de cartas	**Sobre**	**Tinta**
Briefpapier	Envelop	Inkt
Briifpapiir	*Enfelop*	*Enkt*
Bolígrafo	**Novela**	**Guía**
Ballpen	Roman	Gids
Balpen	*Rooman*	*Jets*
Mapa de carreteras	**Plano de la ciudad**	**Tarjeta postal**
Wegengids	Stadsplattegrond	Ansichtkaart
Ueejenjids	*Statsplatejront*	*Ansejtkaart*

Deme un periódico de la mañana (de la tarde)
Geef mij een ochtendblad (avondblad)
Jeef mey ein ojtentblat (aafontblat)

¿Tienen periódicos españoles?
Heeft U spaanse kranten?
*Jeeft u **spaanse kran**ten?*

Enséñeme algunas novelas policíacas
Laat mij een paar detectives zien
*Laat mey ein paar detec**tives** siin*

¿Puede proporcionarme una guía de la ciudad y un mapa de carreteras?
Heeft U een stadsplattegrond en een wegenkaart?
*Jeeft u ein **stats**platejront in ein **uee**jenkaart?*

Deme una revista ilustrada
Ik wil een geïllustreerd tijdschrift
*Ek uel ein jeeles**treert teyt**sjrift*

Me gustaría ver algunas postales
Ik zou graag een paar ansichtkaarten zien
*Ek sau jraaj ein paar **an**sejtkaarten siin*

102

FLORES

Azucena
Witte Lelie
Uete Leelii

Clavel
Anjer
Anyer

Gardenia
Gardenia
Jardeeniiaa

Jazmín
Jasmijn
Yasmeyn

Lirio
Lelie
Leelii

Mimosa
Mimosa
Miimoosaa

Nardo
Nardus
Nardes

Orquídea
Orchidee
Orjiidee

Rosa
Roos
Roos

Tulipán
Tulp
Telp

Violeta
Violet
Fiioolet

Crisantemo
Chrysant
Kriisant

Desearía encargar un ramo de flores
Ik wil graag een boeket bestellen
Ek uel jraaj ein buket bestelen

Se trata de un regalo y quiero que sea hermoso
Het is een cadeau en het moet mooi zijn
Jet es ein kaadoo en jet mut mooy seyn

Puede elegir entre rosas o claveles de varios colores
U kunt kiezen uit rozen of anjers van verschillen-
de kleuren
U Kent kiisen eut roosen of anyers fan fersjilende kleuren

¿Cuánto cuesta este ramo de nardos?
Hoeveel kost dit boeket?
Jufeel kost det buket?

103

Prepararé un ramo en seguida
Ik zal onmiddellijk een boeket klaarmaken
Ek sal onmedelek ein buket klaarmaaken

¿Pueden enviarlo mañana a esta dirección?
Kunt U het morgen naar dit adres sturen?
Kent u jet morjen naar det adres sturen?

Envíe también esta tarjeta, por favor
Sluit dit kaartje bij, alstublieft
Sleut det kaartye bey, alstubliift

ESPECTACULOS

Si viaja por placer, es lógico que trate de divertirse; si lo hace por negocios, siempre le quedará alguna hora libre para amenizar su estancia en el extranjero. Algunas de las siguientes frases pueden ayudarle a desenvolverse en el cine, en el teatro, en una sala de fiestas...

CONCIERTOS

Música	Clásica	Jazz
Muziek	Klassiek	Jazz
Musiik	*Klasiik*	*Jazz*

Opera	Taquilla	Guardarropa
Opera	Loket	Garderobe
Oopera	*Looket*	*Jarderobe*

Acomodador	Orquesta
Plaatsaanwijzer	Orkest
Plaatsaanueyser	*Orkest*

Deme dos palcos para el concierto de esta noche
Twee loges voor het koncert van vanavond
Tuee losyes foor jet konsert fan fanafont

Lo lamento, sólo tengo dos butacas de platea
Het spijt me, ik heb alleen stalles partere
Jet speyt me, ek jep aleen stales partere

Un programa, por favor
Een programma, alstublieft
Ein proogramaa, alstubliift

¿Podría decirme qué ópera se representará el jueves?
Kunt U mij zeggen welke opera donderdag wordt opgevoerd?
Kent u mey sejen uelke Opera donderdaj uort opjefurt?

TEATRO

Vestíbulo	**Escenario**	**Telón**
Hal	Toneel	Doek
Jal	*Tooneel*	*Duk*
Decorados	**Bastidores**	**Apuntador**
Decors	Coulissen	Souffleur
Deekors	*Kuliisen*	*Sufleur*
Actor	**Actriz**	**Comedia**
Akteur	Aktrice	Komedie
Akteur	*Aktriise*	*Koomeedii*
Melodrama	**Acto**	**Entreacto**
Melodrama	Akte	Tussenpauze
Meeloodraamaa	*Akte*	*Tusenpause*

Aplausos	**Silbidos**	**Vodevil**
Applaus	Gefluit	Vaudeville
Aplaus	*Jefleut*	*Foodefiil*

Por favor dos butacas centrales
Twee stalles in het midden alstublieft
Tuee stales en jet meden alstublift

¿Le va bien la fila 18?
Wat vindt U van rij 18?
Uat fent u fan rey ajtiin?

Demasiado lejos. Prefiero más cerca
Te ver weg. Ik wil liever iets dichterbij
Te fer uej. Ek uel liifer iits dejterbey

¿A qué hora comienza la función?
Hoe laat begint de voorstelling?
Ju laat bejent de foorsteleng?

¿Se trata de un drama o de una comedia?
Is het een drama of een komedie?
Is jet ein draamaa of ein koomeedii?

¿Cuánto dura cada entreacto?
Hoe lang duurt elke tussenpauze?
Ju lang durt elke tussenpause?

Diez minutos. Pueden salir al vestíbulo o pasar al bar si lo desean
Tien minuten. Als U wilt kunt U naar de hal of naar de bar gaan
Tiin miinuten. Als u uelt kent u naar de jal of naar de bar jaan

CINE

Pantalla	Tecnicolor	Cinesmascope
Scherm	Technicolour	Cinemascope
Sjerm	*Tekniikoolor*	*Siinemaskoop*

Documental	Cartelera	Película
Dokumentaire	Aanplakboord	Film
Dookumentere	*Aanpakboort*	*Felm*

¿Qué película me recomienda para esta tarde?
Welke film raadt U mij aan voor vanmiddag?
Uelke felm raat u mey aan foor fanmedaj?

Me gustaría ver alguna película francesa
I zou graag een Franse film zien
Ek sau jraaj ein Franse felm siin

En el cine... dan una película de...
In bioskoop... draait een film van...
In biioskoop... draayt ein felm fan...

Hay un estreno en el cine...
Er is een premiére in bioskoop...
Er is ein premiiere in biioskoop...

¿Podría decirme si hay descanso?
Kunt U mij zeggen of er een tussenpauze is?
Kent u mey sejen of er ein Tussenpause is?

Si señor, entre el documental y la película
Ja meneer, tussen de dokumentaire en de hoofdfilm
Yaa meneer, tussen de dookumentere in de jooftfelm

¿Es bueno el documental?
Is de dokumentaire goed?
Is de dookumentere jut?

SALAS DE FIESTA

¿Puede recomendarme una sala de fiestas que no sea demasiado cara?
Kunt U mij een niet al te dure nachtclub aanbevelen?
*Kent u mey ein niit **al te dure najt**club **aan**befeelen?*

Llévenos a una buena sala de fiestas
Breng ons naar een goede nachtclub
*Breng ons naar ein **jude najt**club*

El traje de etiqueta es obligatorio
Avondkleding is verplicht
*Aafontkleeding is **ferplejt***

Una mesa para dos, por favor
Een tafel voor twee personen, alstublieft
*Ein **taafel** foor **tuee** persoonen alstu**bliift***

¿A qué hora son las atracciones?
Hoe laat begint de show?
*Ju laat be**jent** de **show**?*

¿Qué podemos tomar?
Wat kunnen wij gebruiken?
***Uat** kenen uey je**breu**ken?*

¿Quiere concederme este baile?
Mag ik deze dans van U?
*Maj ek **deese dans** fan u?*

¿Están incluidas las consumiciones?
Zijn de konsumpties inbegrepen?
*Seyn de kon**semp**siis en**bejreepen?***

¿Qué le debo?
Hoeveel is het?
***Ju**feel is jet?*

PLAYA

Balsa	**Bote**	**Caseta**
Vlot	Boot	Badhokje
Flot	*Boot*	*Batjokye*

Arena	**Sombrilla**	**Ola**
Zand	Parasol	Golf
Sant	*Paaraasól*	*Jolf*

Deseo alquilar una caseta
Ik wil een badhokje huren
Ek uel ein batjokye juren

¿Hay duchas?
Zijn er douches?
Seyn er dusyes?

¿Dónde puedo alquilar una canoa?
Waar kan ik een kano huren?
Uaar kan ek ein kaanoo juren?

¿Cuánto es?
Hoeveel is het?
Jufeel is jet?

¿Es peligroso bañarse aquí?
Is het gevaarlijk om hier te zwemmen?
Is jet jefaarlek om jiir te suemen?

Está prohibido alejarse de la orilla
Het is verboden om ver uit de kust te gaan
Jet is ferbooden om fer eut de kest te jaan

La bandera roja indica peligro
De rode vlag geeft gevaar aan
De roode flaj jeeft jefaar aan

La arena está muy sucia
Het zand is erg vuil
Jet sant is erj feul

¿Se puede jugar aquí?
Mogen wij hier spelen?
Moojen uey jiir speelen?

No, hay una zona reservada para juegos
Nee, er is een speelterrein
Nee, er is ein speelterreyn

DEPORTES

Ajedrez	**Alpinismo**	**Atletismo**
Schaken	Alpinisme	Atletiek
Sjaaken	*Alpiinesme*	*Atletiik*
Baloncesto	**Billar**	**Boxeo**
Basketbal	Biljart	Boksen
Basketbal	*Belyart*	*Boksen*

Esquí	**Fútbol**	**Golf**
Skieen	Voetbal	Golf
Skiiyen	*Futbal*	*Jolf*

Natación	**Pesca**	**Tenis**
Zwemmen	Vissen	Tennis
Suemen	*Fesen*	*Tenes*

¿Hay algún partido de fútbol?
Is er een voetbalwedstrijd?
Is er ein futbaluetstreyt?

¿Será fácil encontrar entradas?
Zal het gemakkelijk zijn om aan plaatsen te komen?
Sal jet jemakelek seyn om aan plaatsen te koomen?

CAMPING

Terreno	**Mapa**	**Piquete**
Terrein	Kaart	Haring
Terreyn	*Kaart*	*Jaareng*

Cacerola	**Tienda**	**Lámpara**
Pan	Tent	Lamp
Pan	*Tent*	*Lamp*

Gas	**Colchoneta de aire**	**Remolque**
Gas	Luchtbed	Caravan
Jas	*Lejtbet*	*Kerefen*

Sacacorchos	**Abrelatas**	**Enchufe**
Kurketrekker	Blikopener	Stopkontakt
Kerketreker	*Blekoopener*	*Stopkontakt*

112

¿Pueden indicarme cuáles son los campings más próximos?
Waar zijn de dichtstbijzijnde campings?
*Uaar seyn de **dejts**beyseynde **kem**pengs?*

¿Está en la playa? ¿En la montaña?
Is het aan het strand? In de bergen?
*Is jet aan jet **strant**? In de **ber**jen?*

¿Cuál es el precio de la acampada?, ¿por persona?
Wat is het tarief?, per persoon?
*Uat es jet ta**fiif**?, per per**soon**?*

¿Cuánto paga el automóvil? ¿Y el remolque?
Wat is de prijs voor de auto? En voor de caravan?
*Uat es de **preys** foor de **au**too? En foor de **ké**refen?*

¿Hay tomas eléctricas?, ¿agua potable?
Zijn er lichtpunten? Is er drinkwater?
*Seyn er **lejt**penten? Is er **dren**kuaater?*

¿Dónde puedo hacer mis compras?
Waar kan ik mijn boodschappen doen?
*Uar kan ek meyn **boot**sjapen dun?*

¿Podemos hacer fuego?
Mogen wij vuur maken?
*Moojen uey **fur maa**ken?*

RELACIONES SOCIALES

Visitar un país y no tratar a sus habitantes es tanto como ojear una colección de tarjetas postales. Aproxímese a los holandeses: su natural cortesía será aún mayor si usted facilita el acercamiento hablándoles en su propio idioma.

CONVERSACION

Me llamo...
Ik heet...
Ek jeet...

¿Cómo está usted?
Hoe gaat het met U?
Ju jaat jet met u?

Mucho gusto en conocerle
Aangenaam met U kennis te maken
Aanjenaam met u kenes te maaken

Le presento a mi esposa
Ik stel U voor aan mijn vrouw
*Ek stel u **foor** aan meyn **frau***

Discúlpeme
Neem mij niet kwalijk
*Nem mey niit **kuaa**lek*

No importa
Het geeft niet
*Je **jeeft** niit*

¿Le gusta nuestra ciudad?
Hoe vindt U het hier bij ons?
***Ju** fent u jet jiir bey **ons**?*

Me ha encantado
Ik vind het hier erg fijn
*Ek fent jet jiir **erj** feyn*

¿Le puedo ayudar?
Kan ik U helpen?
*Kan ek u **jel**pen?*

¿Hasta cuándo se queda usted?
Tot wanneer blijft U?
*Tot ua**neer** bleyft u?*

Estaré tres días (una semana, un mes)
Ik blijf drie dagen (een week, een maand)
*Ek bleyf **drii daa**jen (ein **ueek**, ein **maant**)*

¿En qué hotel está hospedado?
Waar logeert U?
*Uaar loo**syeert** u?*

Estoy en el hotel...
Ik logeer in hotel...
*Ek loo**syeer** in jootel...*

115

¿Un cigarrillo?
Een sigaret?
Ein siijaaret?

Con mucho gusto
Ja, dank U
Yaa, dank u

Por favor
Alstublieft
Alstubliift

¿Desea tomar algo?
Wilt U iets gebruiken?
Uelt u iits jebreuken?

Gracias
Dank U
Dank u

Sírvase usted
Bedien uzelf
Bediin uself

¡A su salud!
Op Uw gezondheid! (Proost)
Op uu jesontjeyt! (Proost)

Muchos recuerdos
Vele groeten
Feile jruten

Muchas felicidades
Hartelijk gefeliciteerd
Jartelek jefeeliisiiteert

Felicidades
Gelukwensen
Jelekuensen

¡Felices Pascuas!
Gelukkig kerstfeest!
Jelekej kerstfeest!

¡Feliz Año Nuevo!
Gelukkig Nieuwjaar!
Jelekej Niiuyaar!

Buena suerte
Veel geluk
Feel jelek

Lo siento
Het spijt mij
Jet sepyt mey

¿Quiere usted bailar?
Wilt U dansen?
Uelt u dansen?

¿Desea algo?
Wenst U iets?
Uenst u iits?

¿Juega usted al tenis?
Tennist U?
Tenest u?

¿Le gusta nadar?
Houdt U van zwemmen?
Jaut u fan suemen?

¿Cuál es su dirección?
Wat is Us adres?
Uat is uu aadres?

Su teléfono
Uw telefoon
Uu teelefoon

117

Siéntese, por favor
Gaat U zitten, alstublieft
Jaat u seten, alstubliift

Nos hemos divertido mucho
Wij hebben ons goed vermaakt
Uey jeven ons just fermaakt

¡Qué bonito!
Wat mooi!
Uat mooy!

¡Esto es maravilloso!
Dit is fantastich!
Det is fantastiis!

Es muy triste
Het is erg triest
Jet is erj triist

¡Qué lástima!
Wat jammer!
Uat yamer!

Le escribiremos
Wij zullen U schrijven
Uey selen u sjreyfen

Estamos a su disposición
Wij staan tot Uw beschikking
Uey staan tot uu besjiking

No comprendo
Ik begrijp het niet
Ek bejreyp jet niit

Hable usted más despacio, por favor
Langzaam spreken, alstublieft
Langsaam spreeken alstubliift

118

Por favor, escríbamelo
Schrijf het op, alstublieft
Sjreyf jet op, alstubliift

¿Habla usted francés?
Spreekt U frans?
Spreekt u frans?

LA FAMILIA

Abuelo	**Abuela**	**Abuelos**
Grootvader	Grootmoeder	Grootouders
Jrootfaader	*Jrootmuder*	*Jrootauders*

Padre	**Madre**	**Padres (matrimonio)**
Vader	Moeder	Ouders
Faader	*Muder*	*Auders*

Marido	**Mujer**	**Esposos**
Man	Vrouw	Echtgenoten
Echtgenoot	Echtgenote	
Man,	*Frau,*	*Ejtjenooten*
Ejtjenoot	*Ejtjenoote*	

Hijo	**Hija**	**Hijos**
Zoon	Dochter	Kinderen
Soon	*Dojter*	*Kenderen*

Nieto	**Nieta**	**Nietos**
Kleinzoon	Kleindochter	Kleinkinderen
Kleynsoon	*Kleyndojter*	*Kleynkenderen*

Tío	Tía	Primo, sobrino
Oom	Tante	Neef
Oom	*Tante*	*Neef*

Prima, sobrina	Novio	Novia
Nicht	Verloofde, Bruidegom	Verloofde, Bruid
Nejt	*Ferloofde, Breudejom*	*Ferloofde, Breut*

Amigo	Amiga	Hermano
Vriend	Vriendin	Broer
Friint	*Friindén*	*Brur*

Hermana
Zuster
Sester

LA HORA

Hora	Minuto	Segundo
Uur	Minuut	Sekonde
Ur	*Miinut*	*Sekonde*

Reloj de pared	Reloj de pulsera	Atrasa
Klok	Horloge	Het loopt achter
Klok	*Jarloosye*	*Jet loopt ajter*

Adelanta	**Media hora**	**Cuarto de hora**
Hel loopt voor	Een half uur	Een kwartier
Jet loop foor	*Ein jalf ur*	*Ein kuartiir*

Mediodía	**Medianoche**	**Mañana**
12 uur s'middags	Middernacht	Morgen
Tuaalf ur smedajs	*Medernajt*	*Morjen*

Tarde (hasta las 6)	**Tarde (desde las 6)**	**Noche**
Middag	Avond	Nacht
Medaj	*Aafont*	*Najt*

¿Qué hora es?
Hoe laat is het?
Ju laat es jet?

Son las cinco
Het is vijf uur
Jet is feyf ur

Las tres y diez
Tien over drie
Tiin oofer drii

Las dos y cuarto
Kwart over twee
Kuart oofer tuee

Las seis y media
Half zeven
Jalf seefen

122

Las diez menos cuarto
Kwart voor tien
Kuart foor tiin
Mi reloj atrasa
Mijn horloge loopt achter
Meyn jorloosye loopt ajter

Mi reloj adelanta
Mijn horloge loopt voor
Meyn jorloosye loopt foor

Es demasiado pronto (tarde)
Het is te vroeg (laat)
Jet es te frúj (laat)

Es hora de levantarse
Het is tijd om op te staan
Jet es teyt om op te staan

¿A qué hora le espero?
Hoe laat kan ik U verwachten?
Ju laat kan ek u feruajten

CALENDARIO

Día	Semana	Mes
Dag	Week	Maand
Daj	*Ueek*	*Maant*
Año	**Siglo**	**Hoy**
Jaar	Eeuw	Vandaag
Yaar	*Eeu*	*Fandaaj*
Ayer	**Mañana**	**Anteayer**
Gisteren	Morgen	Eergisteren
Jesteren	*Morjen*	*Eerjesteren*
Año bisiesto	**Semanal**	
Schrikkeljaar	Wekelijks	
Sjrekelyaar	*Ueekeleks*	
Año Nuevo	**Viernes Santo**	**Pascua**
Nieuwjaarsdag	Goede Vrijdag	Pasen
Niiuyaarsdáj	*Jude Freydaj*	*Paasen*

Pentecostés	**31 Abril**	**Día festivo**
Pinksteren	Koninginnedag	Feestdag
Penksteren	*Koonenjenedaj*	*Feestdaj*
5 Diciembre	**Navidad**	
Sinterklaas	Kerstmis	
Senterklaas	*Kerstmis*	
Lunes	Maandag	*Maandaj*
Martes	Dinsdag	*Densdaj*
Miércoles	Woensdag	*Uunsdaj*
Jueves	Donderdag	*Donderdaj*
Viernes	Vrijdag	*Freydaj*
Sábado	Zaterdag	*Saaterdaj*
Domingo	Zondag	*Sondaj*
Enero	Januari	*Yaanuaarii*
Febrero	Februari	*Feebruaarii*
Marzo	Maart	*Maart*
Abril	April	*Aaprel*
Mayo	Mei	*Mey*
Junio	Juni	*Yunii*
Julio	Juli	*Yulii*
Agosto	Augustus	*Aujestes*
Septiembre	September	*September*
Octubre	Oktober	*Oktoober*
Noviembre	November	*Noofember*
Diciembre	December	*Deesember*
Primavera	Lente	*Lente*
Verano	Zomer	*Soomer*
Otoño	Herfst	*Jerfst*
Invierno	Winter	*Uenter*

¿Qué día es hoy?	El lunes pasado
Welke dag is het vandaag?	Afgelopen maandag
Uélke daj is jet fandaag	*Afjeloopen maandaj*

El jueves próximo	1 de Marzo
Aanstaande donderdag	Een Maart
Aanstaande donderdaj	*Een Maart*

15 de Mayo
Vijftien Mei
Feyftiin Mey

PELUQUERIA

Peluquero	Tijeras	Cepillo
Kapper	Schaar	Borstel
Kaper	*Sijaar*	*Borstel*
Secador	**Loción**	**Masaje**
Fohn	Lotion	Massage
Feun	*Lootsyon*	*Masaasye*
Lavado de cabeza	**Peinado**	**Corte**
Haar wassen	Kapsel	Knippen
Jaar uasen	*Kapsel*	*Knepen*
Teñido	**Permanente**	**Afeitar**
Verven	Permanent	Scheren
Ferfen	*Permaanent*	*Sjeeren*
Manicura	**Flequillo**	**Raya**
Manikure	Lok	Scheiding
Maaniikure	*Lok*	*Sjeyding*

126

SEÑORAS

¿Dónde hay una peluquería?
Waar is een kapperswinkel?
Uaar is ein kapersuenkel?

Lavar y peinar, por favor
Wassen en watergolven, alstublieft
Uasen en uaaterjolfen, alstubliift

¿Le corto un poco?
Zal ik er een stukje afknippen?
Sal ek er ein stekye afknipen

No me deje muy corto de arriba (de los costados)
Van boven niet te kort (aan de zijkanten)
Fan boofen niit te kort (aan de seykanten)

¿Cómo quiere que le peine?
Hoe wilt U gekapt worden?
Ju uelt u jekapt ourden?

Todo hacia atrás, sin raya
Alles naar achteren, zonder scheiding
Ales naar ajteren, sonder sjeydeng

Con la raya un poco más alta
De scheiding een beetje hoger
De sjeydeng ein beetye joojer

Como a usted le parezca
Zoals u wilt
Sooals u uelt

¿Podría teñirme el pelo?
Kunt U mijn haar verven?
Kent u meyn jaar ferfen?

¿Desea el mismo color?
Wilt U dezelfde kleur?
Uelt u deselfde kleur?

Un poco más oscuro (claro)
Een beetje donkerder (lichter)
In beetye donkerder (lejter:)

El agua está demasiado fría (caliente)
Het water is te koud (warm)
Jet uaater is te kaut (uarm)

Deseo una manicura
Ik wil een manikure
Ek uel ein maaniikure

Deme un periódico (una revista), por favor
Geef mij een krant (een tijdschrift), alstublieft
Jef mey ein krant (ein teytsjreft), alstubliift

CABALLEROS

Un corte de pelo y un afeitado
Knippen en scheren
Knepen en sjeeren

No demasiado corto
Niet te kort
Niit te kort

Corte más de atrás
Van achteren wat korter
Fan ajteren uat korter

¿Dónde quiere que le haga la raya?
Waar wilt U de scheiding?
Uaar uelt u de sjeydeng?

Al lado izquierdo (derecho)
Links (rechts)
Lenks (rejts)

No me afeite a contrapelo
U moet me niet tegen de draad in scheren
U mut me niit teejen de draat in sjeeren

¿Qué le debo por todo?
Hoeveel is alles bij elkaar?
Jufeel is ales bey elkaar

EL MEDICO

Deseamos que usted no tenga nunca necesidad de recurrir a este apartado. Pero, si una molestia o indisposición pasajera amenazan con amargarle su viaje, no dude en utilizarlo para solventar cuanto antes su problema.

MEDICO

Doctor	Enfermo	Fiebre
Dokter	Ziek, zieke	Koorts
Dokter	*Siik, siike*	*Koorts*

Dolor	Escalofríos	Corte
Pijn	Koude rillingen	Snee
Peyn	*kaude relegen*	*Snee*

Contusión	Quemadura	Herida
Kneuzing	Brandwond	Wond
Kneuseng	*Brantuont*	*Uont*

Resfriado	Indigestión	Náuseas
Verkoudheid, verkouden	Indigestie	Misselijkheid
Ferkautjeyt, ferkauden	*Endiijestii*	*Meselekjeyt*

Estoy enfermo
Ik ben ziek
Ek ben siik

Llame a un médico, por favor
Waarschuw een dokter, alstublieft
Uaarsjuu ein dokter, alstubliift

¿Dónde le duele?
Waar heeft U pijn?
Uaar jeeft u peyn?

Me duele aquí
Ik heb hier pijn
Ek jep jiir peyn

En la cabeza, en el pecho
In mijn hoofd, in mijn borst
In meyn jooft, in meyn borst

131

Tengo fiebre
Ik heb koorts
*Ek jep **koorts***

Estoy muy resfriado
Ik ben erg verkouden
*Ek ben erj fer**kauden***

Me duele el estómago después de la comida
Ik heb maagpijn na het eten
*Ek jep **maaj**peyn naa jet **eeten***

Quítese la ropa, por favor
Wilt U zich uitkleden, alstublieft
*Uelt u sej **eut**kleeden, alstu**bliift***

¿Ha tenido enfermedades graves?
Bent U wel eens ernstig ziek geweest?
*Bent u uel eins **ern**stej siik je**ueest**?*

Soy alérgico, diabético
Ik ben allergisch, diabetisch
*Ek ben **alerj**iis, diiaa**beet**iis*

Respire, expire, tosa, saque la lengua
Adem in, adem uit, hoest, steek uw tong uit
*Adem **in**, adem **eut**, **just**, steek uu **tong** eut*

Ya basta
Het is voldoende
*Jet is fol**dun**de*

¿Desde cuándo está usted enfermo?
Vanaf wanneer bent U ziek?
*Fan**af**, ua**neer** bent u siik?*

Hace dos días
Sinds twee dagen
*Sents **tuee daa**jen*

132

¿Es grave? ¿Está roto? ¿torcido?
Is het ernstig? Is het gebroken? Is het verstuikt?
Is jet ernstej? Is jet jebrooken? Is jet fersteukt?

Debe quedarse en cama dos o tres días
U moet twee of drie dagen in bed blijven
U mut tuee of drii daajen in bet bleyfen

Voy a recetarle inyecciones
Iz zal U injekties voorschrijven
Ik sal u enyeksiis foorsjereyfen

Tome una pastilla, una cada tres horas
U moet elke drie uur een tablet innemen
U mut elke driiur ein taablét inneemen

EL DENTISTA

¿Dónde puedo encontrar un dentista?
Waar kan ik een tandarts vinden?
Uaar kan ek ein tantarts finden?

Me duele este diente, esta muela
Deze tand, deze kies doet pijn
Deese tant, deese kiis dut peyn

Será preciso sacarla
Ik zal moeten trekken
Ek sal muten treken

No me la saque. Si es posible deme un calmante
Ik wil niet getrokken worden. Geef mij als u kunt
een pijnstillend middel
*Ek uel niit jetroken uorden. Jeef mey als u kent ein
peynstelkent medel*

133

Se le ha caído el empaste
De vulling is eruit gevallen
De feleng is ereut jefalen

¿Puede empastármelo en seguida?
Kunt U direkt vullen?
Kent u diirekt felen?

EL CUERPO HUMANO

Cabeza	**Oreja**	**Ojo**
Hoofd	Oor	Oog
Jooft	*Oor*	*Ooj*
Nariz	**Boca**	**Ceja**
Neus	Mond	Wenkbrauw
Neus	*Mont*	*Uenkbrau*

Pestañas	**Párpados**	**Cuello**
Wimpers	Oogleden	Hals
Uempers	*Oojleeden*	*Jals*
Garganta	**Hombro**	**Brazo**
Keel	Schouder	Arm
Keel	*Sjauder*	*Arm*
Codo	**Antebrazo**	**Mano**
Elleboog	Onderarm	Hand
Elebooj	*Onderarm*	*Jant*
Dedo	**Uña**	**Cadera**
Vinger	Nagel	Heup
Fenger	*Naajel*	*Jeup*
Muslo	**Rodilla**	**Pierna**
Dijbeen	Knie	Been
Deybeen	*Knii*	*Been*
Muñeca	**Pie**	**Pies**
Pols	Voet	Voeten
Pols	*Fut*	*Futen*
Pulmón	**Corazón**	**Estómago**
Long	Hart	Maag
Long	*Jart*	*Maaj*
Hígado	**Riñones**	**Tobillo**
Lever	Nieren	Enkel
Leefer	*Niiren*	*Enkel*

135

TELEFONO

No se asuste. Tal vez usted necesite telefonear a una persona que conoce el español, pero antes ha de cruzar una pequeña barrera: la secretaria, la doncella... alguien, en fin, con quien tenga que ensayar sus dotes lingüísticas. Repase este pequeño apartado y se encontrará en la mejor situación para superar tales dificultades.

Quiero telefonear a...
Ik wil opbellen, naar...
Ek uel opbelen naar...

Señorita, póngame con...
Juffrouw, verbindt U mij met...
Yefrau, ferbent u mey met...

La línea está ocupada
De lijn is bezet
De leyn is beset

No contestan
Er wordt niet opgenomen
*Er uort **niit op**jenoomen*

Se ha equivocado
U heeft zich vergist
*U jeft sej fer**jest***

Vuelva a llamar
Belt U nog eens
*Belt u **noj** eens*

¿Con quién hablo?
Met wie spreek ik?
*Met **uii** spreek ek?*

Soy el Sr... quisiera hablar con el Sr...
U spreekt met meneer... ik zou graag spreken met
meneer...
*U spreekt met me**neer**... ek sau jraaj **spree**ken, met
me**neer**...*

No cuelgue
Niet op hangen
***Niit op** jangen*

Ha salido
Hij is even weg
*Jey is **eefen** uej*

¿A qué hora volverá?
Hoe laat komt hij terug?
*Ju laat komt jey te**rej**?*

¿A qué número puedo llamarle?
Op welk nummer kan ik hen bereiken?
*Op uelk **ne**mer kan ek jem be**rey**ken?*

Marque el número...
Draai nummer...
Draay nemer...

¿Quiere usted tomar un recado?
Kunt U een boodschap aanemen?
Kent u ein bootsjap aanneemen?

Dígale que ha llamado el Sr...
Zeg hem dat meneer... heelft gebeld
Sejem dat meneer... jeeft jebelt

Dígale que me llame al número...
Vraag hem om mij op nummer... te bellen
Fraajem om mey op numer... te belen

Estaré en la ciudad hasta el sábado
Ik blijf in de stad tot zaterdag
Ek bleif in de stat tot saaterdaj

CORREOS

Carta	**Sello**	**Buzón**
Brief	Postzegel	Brievenbus
Briif	*Postseejel*	*Briifenbus*
Tarjeta postal	**Lista de Correos**	**Papeles de negocios**
Ansichtkaart	Poste restante	Zakenpapieren
Ansejtkaart	*Post restant*	*Saakenpaapiiren*
Correos	**Telegrama**	**Ventanilla**
Postkantoor	Telegram	Loket
Postkantoor	*Teelejram*	*Looket*

138

Urgente	Paquete postal	Palabra
Urgent	Postpakket	Woord
Urjent	*Postpaket*	*Uoort*

Dirección	Sobretasa	Sobre
Adres	Strafport	Envelop
Aadres	*Strafport*	*Enfelop*

Lacre
Lak
Lak

¿Para ir a Correos, por favor?
Het postkantoor, alstublieft
Jet postkantoor, alstubliift

Franquee esta carta
Frankeer deze brief
Frankeer deese brief

¿Cuál es el franqueo de una carta certificada?
Hoeveel port moet er op een aangetekende brief?
Jufeel port mut er op ein aanjeteekende briif?

¿Cuál es el franqueo para España?
Hoeveel is de port naar Spanje?
Jufeel is de port naar Spanye?

¿Y el franqueo por avión?
En de port per luchtpost?
In de port per lujtpost

Sírvase certificar esta carta
Deze brief aantekenen, alstublieft
Deese briif aanteekenen alstubliift

Sírvase lacrar esta carta
Wilt U deze brief verzegelen
Uelt u deese briif ferseejelen

¿Dónde está el servicio de Telégrafos?
Waar is het telegraafkantoor?
Uaar is jet teelejraafkantoor?

¿Cuánto cuesta una palabra?
Wat is het tarief per woord?
Uat is jet taariif per uoort?

Quiero enviar este paquete postal
Ik wil dit postpakket verzenden
Ek uel det postpaket fersenden

¿Desea usted asegurarlo?, ¿certificarlo?
Wilt U het verzekeren?, aantekenen?
Uelt u jet ferseekeren?, aanteekenen?

¿Hay carta para mí en la Lista de Correos?
Is er soms een brief poste-restante voor mij?
Is er soms ein briif post restant foor mey?

¿Qué documentos necesito para retirar un paquete postal?
Welke dokumenten heb ik nodig om een postpakket af the halen?
Uelke dookumenten jeb ek noodej om ein postpaket af te jaalen?

Basta con su pasaporte
Uw paspoort is voldoende
Uu paspoort is foldunde

BANCO

Por favor, ¿para cambiar moneda?
Waar kan ik geld wisselen?
Uaar kan ek jelt ueselen?

Ventanilla número...
Loket nummer...
Looket numer

¿Cuál es el cambio de la peseta?
Wat is de koers van de peseta?
Uat is de kurs fan de peseetaa?

Sus documentos, por favor
Uw dokumenten, alstublieft
Uu dookuménten, alstubliift

Firme aquí
Hier tekenen, alstublieft
Jiir teekenen, alstubliift

¿Puede cambiarme este cheque de viaje?
Kunt U deze traveller's check wisselen?
Kent u deese trefeler syek ueselen?

Por favor, deme moneda fraccionaria
Kunt U mij klein geld geven?
Kent u mey kleyn jelt jeefen?

¿Podría decirme si han recibido una transferencia de...?
Heeft U een overschrijving ontvangen van...?
Jeeft u ein oofersjreyfing ontfangen fan...?

A nombre de...
Op naam van...
Op naam fan...

Aún no, señor
Nog niet, meneer
Noj niit, meneer

¿Puedo cobrar este cheque al portador?
Kan ik deze cheque aan toonder innen?
Kan ek deese syek aan toonder enen?

No aceptamos cheques de particulares
Wij nemen geen cheques aan van partikulieren
Uey neemen jeen syeks aan fan partiikuliiren

Pase a caja, por favor
U kunt naar de kassa gaan
U kent naar de kasaa jaan

Deme billetes pequeños
Wilt U mij kleine biljetten geven?
Ueltumey kleyne belyeten jeefen?

OFICINAS PUBLICAS

Parlamento	Cámara Alta	Cámara Baja
Parlement	Eerste kamer	Tweede kamer
Parlement	*Eerste Kaamer*	*Tueede kaamer*

Ministerio	Juzgado	Diputación Provincial
Ministerie	Rechtbank	Provinciale Staten
Miinesteerii	*Rejtbank*	*Proofensiiaale Staaten*

Alcaldía	Comisaría	Catedral
Gemeentehuis	Politiebureau	Kathedraal
Jemeentejeus	*Pooliitsiiburoo*	*Kaatedraal*

Iglesia	Capilla	Palacio
Kerk	Kapel	Paleis
Kerk	*Kaapel*	*Paaleys*

Castillo	Obispado	Museo de Bellas Artes
Kasteel	Bisdom	Museum van Schone Kunsten
Kasteel	*Besdom*	*Museeum fan Sjoone Kensten*

Correos	Bolsa	Cámara de Comercio
Postkantoor	Beurs	Kamer van koophandel
Postkantoor	*Beurs*	*Kaamer fan koopjandel*

ABREVIATURAS

A.S.	*aanstaande*	próximo
b.d.	*buiten dienst*	fuera de servicio
B. en W.	*Burgemeester en Wethouders*	Alcalde y concejales
bijv. - bv.	*bij voorbeeld*	por ejemplo
d.w.z.	*dat wil zeggen*	esto significa
e.a.	*en andere (n)*	y otro (s)
e.d.	*en dergelijke (n)*	y similar (es)
enz	*enzovoort*	etcétera
E.H.B.O.	*Eerste Hulp bij Ongelukken*	Primeros Auxilios
fl.	*florijn = gulden*	florín
get.	*getekend*	firmado
H.M.	*Hare Majesteit*	Su Majestad
Hr.	*Heer*	Señor
i.p.v.	*in plaats van*	en vez de
j.l.	*Jongstleden*	próximo pasado
K.v.K.	*Kamer van Koophandel*	Cámara de Comercio
L.O.	*Lager Onderwijs*	Enseñanza Básica
m.n.	*met name*	particularmente
M.O.	*Middelbaar Onderwijs*	Enseñanza Media
n.l.	*namelijk*	a saber, es decir
N.s.	*Nederlandse Spoorwegen*	Ferrocarriles Neerlandeses
N.V.	*Naamloze Vennootschap*	sociedad anónima
o.a.	*onder andere (n)*	entre otro (s)
p.a.	*per adres*	su casa
P.T.T.	*Post, Telegrafie, Telefonie*	Correos, Telégrafos, Teléfonos
R.k	*Rooms Katholiek*	católico romano
V.V.V.	*Vereniging voor Vreemdelingen Verkeer*	Asociación Nacional de Turismo
z.o.z.	*zie ommezijde*	ala vuelta

DICCIONARIO
ESPAÑOL-HOLANDES

Abajo. Beneden. *Beneeden*

Abanico. Waaier. *Uaayer*

Abogado. Advokaat. *Atfookaat*

Abierto. Open. *Oopen*

Abrelatas. Blikopener. *Blekoopener*

Abrigo. Overjas. *Ooferyas*

Abrir. Openen. *Oopenen*

Absolutamente. Absoluut. *Apsoolut*

Absoluto. Volstrekt. *Folstrekt*

Acabar. Beeindigen. *Beeyndejen*

Academia. Academie. *Aakaadeemii*

Acampar. Kamperen. *Akmpeeren*

Aceite. Olie. *Oolii*

Aceituna. Olijf. *Ooleyf*

Acento. Aksent. *Aksent*

Aceptar. Aannemen. *Aanneemen*

Acera. Trottoir. *Trotuar*

Acomodador. Plaatsaanwijzer. *Plaatsaanueyser*

Acompañar. Begeleiden. *Bejeleyden*

Acostarse. Naar bed gaan. *Naar bet jaan*

Acostumbrado. Gewend. *Jeuent*

Activo. Actief. *Aktiif*

Actor. Akteur. *Akteur*

Adjetivo. Bijvoeglijk naamwoord. *Beyfujlek naamuoort*

Admiración. Bewondering. *Beuondereng*

Admitir. Aanvaarden. *Aanfaarden*

Adorable. Aanbiddelijk. *Aanbedelek*

Aduanero. Duoanebeambte. *Duaanebeambte*

Afectuoso. Lief. *Liif*

Afeitar. Scheren. *Sjeeren*

Aficionado. Amateur. *Aamaateur*

Afortunadamente. Gelukkig. *Jelekej*

Agente. Agent. *Aajent*

Agradable. Aangenaam. *Aanjenaam*

Agradecer. Bedanken. *Bedanken*

Agrio. Zuur. *Sur*

Agua. Water. *Uaater*

Agudo. Scherp. *Sjerp*

Aguja. Naald. *Naalt*

Agujero. Gat. *Jat*

Ahogarse. Verdrinken. *Ferdrenken*

Ahora. Nu. *Nu*

Aire. Lucht. *Lejt*

Ajo. Knoflook. *Knoflook*

145

Alambre. Metaaldraad. *Meetaaldraat*

Alarma. Alarm. *Aalarm*

Alcalde. Burgemeester. *Berjemeester*

Alcanzar. Bereiken. *Bereyken*

Alcoba. Slaapkamer. *Slaapkaamer*

Alcohol. Alcohol. *Alkoojol*

Aldea. Dorp. *Dorp*

Alegre. Opgewekt. *Opjeuckt*

Alfabeto. Alfabet. *Alfaabet*

Alfiler. Speld. *Spelt*

Alfrombra. Vloerkleed. *Flurkleet*

Algo. Iets. *Iits*

Algodón. Katoen. *Kaatun*

Alimento. Voedsel. *Futsel*

Almendra. Amandel. *Aamandel*

Almidón. Stijfsel. *Steyfsel*

Almirante. Admiraal. *Atmiirall*

Almohada. Kussen. *Kesen*

Almorzar. Lunchen. *Lensyen*

Alojamiento. Onderdak. *Onderdak*

Alquilar. Huren. *Juren*

Alrededor. Rondom. *Rondom*

Altar. Altaar. *Altaar*

Alto. Hoog, lang. *Jooj, lang*

Alumno. Leerling. *Leerleng*

Amable. Vriendelijk. *Friindelek*

Amanecer. Dag worden. *Daj uorden*

Amar. Beminnen. *Beminen*

Amargo. Bitter. *Beter*

Amarillo. Geel. *Jeel*

Ambos. Beide(n). *Beyde(n)*

Ambulancia. Ambulance. *Ambulans*

Amigo. Vriend. *Friint*

Amor. Liefde. *Liifde*

Amortiguador. Knalpot. *Canalpot*

Ancho. Breed. *Breet*

Andar. Lopen. *Loopen*

Angel. Engel. *Engel*

Anillo. Ring. *Reng*

Animal. Dier. *Diir*

Anoche. Gisteravond. *Jesteraafont*

Anochecer. Nacht worden. *Najt uorden*

Ansioso. Begerig. *Bejeerej*

Anterior. Vorig. *Foorej*

Antes. Eerder. *Eerder*

Antiguo. Oud, antiek. *Aut, antiik*

Anuncio. Advertentie. *Atfertentsii*

Apellido. Achternaam. *Ajternaam*

Aplazar. Uitstellen. *Eutstelen*

Apreciar. Waarderen. *Uaardeeren*

Aprender. Leren. *Leeren*

Aproximadamente. Ongeveer. *Onjefeer*

Araña. Spin. *Spen*

Arbitro. Scheidsrechter. *Sjeytsrejter*

Arbol. Boom. *Boum*

Arco. Boog. *Bouj*

Arena. Zand. *Sant*

Armario. Kast. *Kast*

Arquitecto. Architekt. *Arjii-tekt*

Arroyo. Beek. *Beek*

Arte. Kunst. *Kenst*

Artificial. Kunstmatig. *Kenst-maatej*

Artista. Artiest. *Artiist*

Arzobispo. Aartsbisschop. *Aartsbesjop*

Asado. Gebraad. *Jebraat*

Ascensor. Lift. *Left*

Asegurar. Verzekeren. *Fer-seekeren*

Asesinar. Vermoorden. *Fer-moorden*

Asiento. Zitplaats. *Setplaats*

Asistir. Bijwonen. *Beyuoonen*

Aspero. Ruw. *Ruu*

Asustar. Doen schrikken. *Dun sjreken*

Aterrizar. Landen. *Landen*

Ausente. Afwezig. *Afueesej*

Autoridad. Autoriteit. *Autoo-riiteyt*

Avanzar. Vooruitgaan. *Foo-reutjaan*

Avergonzado. Beschaamd. *Besjaamt*

Avería. Pech. *Pej*

Ayudar. Helpen. *Jelpen*

Babor. Bakboord. *Bakboort*

Bahía. Baai. *Baay*

Baile. Dans. *Dans*

Bailar. Dansen. *Dansen*

Bajar. Dalen. *Daalen*

Balanza. Weegschaal. *Ueej-sjaal*

Balcón. Balkon. *Balkon*

Ballena. Walvis. *Ualfes*

Bañarse. Zich baden. *Sejbaa-den*

Baraja. Kaartspel. *Kaartspel*

Barba. Baard. *Baart*

Barrer. Vegen. *Feejen*

Barrio. Wijk. *Ueyk*

Basura. Vuilnis. *Feulnes*

Batalla. Veldslag. *Feltslaj*

Baúl. Hutkoffer. *Jetkofer*

Beber. Drinken. *Drenken*

Belleza. Schoonheid. *Sjoon-jeyt*

Beneficio. Voordeel. *Foordeel*

Beso. Kus. *Kes*

Biblioteca. Bibliotheek. *Bii-bliiooteek*

Bicicleta. Fiets. *Fiits*

Bigote. Snor. *Snor*

Bocina. Toeter. *Tuter*

Bodega. Kelder. *Kelder*

Bolígrafo. Ballpen. *Balpen*

Bolsillo. Zak. *Zak*

Bolso. Handtas. *Jantas*

Bombilla. Gloeilamp. *Jluy-lamp*

Borrasca. Storm. *Storm*

Botella. Fles. *Fles*

Botiquín. Verbandtrommel. *Ferbantromel*

Botón. Knoop. *Knoop*

Bragas. Onderbroek. *Onder-bruk*

Broma. Grap. *Jrap*

Bronceado. Bruin. *Breun*

147

Brújula. Kompas. *Kompas*
Bufanda. Das. *Das*
Búho. Uil. *Eul*
Bijía. Bougie. *Buji*
Burro. Ezel. *Eesel*
Buscar. Zoeken. *Suken*
Buzón. Brievenbus. *Briifenbus*

Caballero. Heer. *Jeer*
Caballo. Paard. *Paart*
Cabello. Haar. *Jaar*
Cabeza. Hoofd. *Jooft*
Cable. Kabel. *Kaabel*
Cacahuete. Pinda. *Pendaa*
Caer. Vallen. *Falen*
Caja. Doos, kist. *Doos, kest*
Cajón. Lade. *Laade*
Calendario. Kalender. *Kaalender*
Calentar. Verhitten. *Ferjeten*
Calor. Warmte. *Uarmte*
Calidad. Kwaliteit. *Kuaaliiteyt*
Caliente. Warm. *Uarm*
Cama. Bed. *Bet*
Camarote. Hut. *Jet*
Cambiar. Wisselen. *Ueselen*
Cambio. Wissel. *Uesel*
Camino. Weg. *Uej*
Camión. Vrachtwagen. *Frajtuaajen*
Campana. Bel. *Bel*
Campesino. Boer. *Bur*
Canal. Kanaal. *Kaanaal*
Canción. Lied. *Liit*
Cangrejo. Krab. *Krap*
Cantar. Zingen. *Sengen*

Cantidad. Hoeveelheid. *Jufeeljeyt*
Capilla. Kapel. *Kaapel*
Cara. Gezicht. *Jesejt*
Caracol. Slak. *Slak*
Caramelo. Snoepje. *Snupye*
Carbón. Steenkool. *Steenkool*
Cárcel. Gevangenis. *Jefangenes*
Carga. Vracht. *Frajt*
Carta. Brief. *Briif*
Cartero. Postbode. *Postboode*
Casa. Huis. *Jeus*
Casado. Getrouwd. *Jetraut*
Castigar. Straffen. *Strafen*
Castillo. Kasteel. *Kasteel*
Catálogo. Catalogus. *Kaataalooges*
Catarro. Verkoudheid. *Ferkautjeyt*
Católico. Katholiek. *Kaatooliik*
Caucho. Rubber. *Reber*
Caza. Jacht. *Yajt*
Cebolla. Ui. *Eu*
Cementerio. Begraafplaats. *Bejraafplaats*
Cena. Diner. *Diinee*
Cenicero. Asbak. *Asbak*
Cepillar. Borstelen. *Borstelen*
Cerebro. Hersenen. *Jersenen*
Cerdo. Varken. *Farken*
Cerilla. Lucifer. *Lusiifer*
Cerradura. Slot. *Slot*
Ciego. Blind. *Blint*
Cielo. Hemel. *Jeemel*
Ciencia. Wetenschap. *Ueetensjap*

Científico. Wetenschapsman. *Ueetensjapsman*

Cierto. Zeker. *Seeker*

Cima. Top. *Top*

Cinturón. Ceinturiem. *Sen--turim*

Círculo. Cirkel. *Serkel*

Cita. Afspraak. *Afspraak*

Cobrador. Conducteur. *Kondekteur*

Cola. Staart. *Staart*

Colchón. Matras. *Maatras*

Colegio. School. *Sjool*

Comedor. Eetkamer. *Eetkaamer*

Comenzar. Beginnen. *Bejenen*

Comerciante. Koopman. *Koopman*

Cómico. Komiek. *Koomiik*

Comida. Eten. *Eeten*

Comisaría. Politiebureau. *Pooliitsiiburoo*

Comodidad. Gemak. *Jemak*

Compañía. Maatschappij, gezelschap. *Matsjapey, jeselsjo*

Comparación. Vergelijking. *Ferjeleykeng*

Comprar. Kopen. *Koopen*

Comprender. Begrijpen. *Begreypen*

Común. Gemeenschappelijk. *Jemeenschapelek*

Comunista. Communist. *Komunest*

Condición. Conditie. *Kondiitsii*

Conducir. Besturen, Rijden. *Besturen, reyden*

Conejo. Konijn. *Kooneyn*

Conferencia. Lezing. *Leeseng*

Confuso. Verward. *Feruart*

Congelado. Bevroren. *Befrooren*

Congreso. Congres. *Konjres*

Conmigo. Met mij. *Met mey*

Conocer. Kennen. *Kenen*

Conseguir. Verkrijgen. *Ferkreyjen*

Consejo. Raad. *Raat*

Considerar. Overwegen. *Ooferueejen*

Consigna. Bagage-depot. *Baajaasye-deepoo*

Consonante. Medeklinker. *Meedeklenker*

Constipado. Verkouden. *Ferkauden*

Construir. Bouwen. *Bauen*

Cónsul. Consul. *Konsel*

Contagioso. Besmettelijk. *Besmetelek*

Contar. Vertellen. *Fertelen*

Contener. Inhouden. *Enjauden*

Contento. Tevreden. *Tefreeden*

Contestación. Antwoord. *Antuoort*

Continuar. Vervolgen. *Ferfoljen*

Conversación. Gesprek. *Jesprek*

Copa. Glas. *Jlas*

Copia. Kopie. *Koopii*

149

Corazón. Hart. *Jart*
Corbata. Stropdas. *Stropdas*
Corcho. Kurk. *Kerk*
Cortar. Snijden. *Sneyden*
Cosa. Ding. *Ding*
Coser. Naaien. *Naayen*
Costa. Kust. *Kest*
Costilla. Rib. *Rep*
Costumbre. Gewoonte. *Jeuoonte*
Creer. Geloven. *Jeloofen*
Criada. Dienstmeisje. *Diinstmeysye*
Cristiano. Christen. *Kresten*
Cruz. Kruis. *Kreus*
Cruz Roja. Rode Kruis. *Rode Kreus*
Cruzar. Oversteken. *Oofersteeken*
Cuaderno. Schrift. *Sjreft*
Cuadro. Schilderij. *Sjelderey*
Cucaracha. Kakkerlak. *Kakerlak*
Cuchillo. Mes. *Mes*
Cuerda. Touw. *Tau*
Cuero. Leer. *Leer*
Culebra. Slang. *Slang*
Culpa. Schuld. *Sjult*
Cumpleaños. Verjaardag. *Feryaardaj*
Cura. Pastoor. *Pastoor*

Chaleco. Vest. *Fest*
Champán. Champagne. *Syampanye*
Champú. Shampoo. *Syampoo*

Chaqueta. Jasje. *Yasye*
Chicle. Kauwgom. *Kaujom*
Chocolate. Chokolade. *Syookoolaade*
Choque. Botsing. *Botsing*

Dama. Dame. *Daame*
Daño. Schade. *Sjaade*
Dar. Geven. *Jeefen*
Deber. Moeten. *Muten*
Debidamente. Behoorlijk. *Bejoorlek*
Débil. Zwak. *Suak*
Decidir. Besluiten. *Besleuten*
Decir. Zeggen. *Sejen*
Declarar. Verklaren. *Ferklaaren*
Dedo de la mano. Vinger. *Fenger*
Dedo del pie. Teen. *Teen*
Dejar. Laten. *Laaten*
Delgado. Mager. *Maajer*
Demasiado. Te veel. *Te feel*
Democracia. Democratie. *Deemookraatsii*
Dentadura. Gebit. *Jebet*
Dentro. Binnen. *Benen*
Dependiente. Bediende. *Bediinde*
Depósito. Reservoir. *Reservfuaar*
Derechos. Rechten. *Rejten*
Desafortunado. Ongelukkig. *Onjelekej*
Desagradable. Onaangenaam. *Onaanjenaam*
Desagüe. Afvoer. *Afur*

Desarrollar. Ontwikkelen. *Ontuekelen*

Descansar. Uitrusten. *Eutresten*

Descompuesto. Kapot, van streek. *Kaapot, fan streek*

Describir. Omschrijven. *Omsjreyfen*

Descuento. Korting. *Korteng*

Desear. Wensen. *Uensen*

Desempaquetar. Uitpakken. *Eutpaken*

Desengaño. Teleurstelling. *Teleursteleng*

Deseo. Wens. *Uens*

Desgracia. Ongeluk. *Onjelek*

Desierto. Woestijn. *Usteyn*

Desigual. Ongelijk. *Onjeleyk*

Desmayarse. Flauw vallen. *Flaufalen*

Desmayo. Flauwte. *Flaute*

Desnudo. Naakt. *Naakt*

Desocupado. Onbezet. *Onbeset*

Despacio. Langzaam. *Langsaam*

Despedir. Ontslaan. *Ontslaan*

Despegar. Opstijgen. *Opsteyjen*

Despertador. Wekker. *Ueker*

Despierto. Wakker. *Uaker*

Desprender. Losmaken. *Losmaaken*

Desvestirse. Ontkleden. *Ontkleeden*

Detalle. Detaill. *Deetaay*

Detenerse. Stilhouden. *Steljauden*

Deuda. Schuld. *Sjult*

Diablo. Duivel. *Deufel*

Diamante. Diamant. *Diiaamant*

Diario (periódico). Krant. *Krant*

Diarrea. Diarree. *Diiaree*

Dibujar. Tekenen. *Teekenen*

Diccionario. Woordenboek. *Uoordenbuk*

Dichoso. Gelukkig. *Jelekej*

Diente. Tand. *Tant*

Diferencia. Verschil. *Fersjel*

Dificill. Moeilijk. *Muylek*

Dimensión. Afmeting. *Afmeeting*

Dinero. Geld. *Jelt*

Dios. God. *Jot*

Director. Directeur. *Diirekteur*

Dirigir. Leiden. *Leyden*

Disco. Gramofoonplaat. *Jraamoofoonplaat*

Disculpa. Verontschuldiging. *Ferontsjuldigeng*

Disgustar. Ontstemmen. *Ontstemen*

Disparate. Onzin. *Onsen*

Disparo. Schot. *Sjot*

Dispensar. Vergeven. *Ferjeefen*

Disponible. Beschikbaar. *Besjekbaar*

Dispuesto. Bereid. *Bereyt*

Disputar. Betwisten. *Betuesten*

Distinto. Verschillend. *Fersjelent*

Distraído. Verstrooid. *Ferstrooyt*
Distribución. Distributie. *Destriibutsii*
Distrito. Distrikt. *Destrekt*
Diversión. Vermaak. *Fermaak*
Divertirse. Zich vermaken. *Sej fermaaken*
Dividir. Delen. *Deelen*
Divorcio. Scheiding. *Sjeydeng*
Doble. Dubbel. *Debel*
Doctor. Docter. *Dokter*
Documento. Document. *Dookument*
Dolor. Pijn. *Peyn*
Domicilio. Woonplaats. *Uoonplaats*
Dormir. Slapen. *Slaapen*
Dormitorio. Slaapkamer. *Slaapkaamer*
Dosis. Dosis. *Dooses*
Ducha. Douche. *Dus*
Duende. Kabouter. *Kaabauter*
Dueño. Eigenaar. *Eyjenaar*
Dulce. Zoet. *Sut*
Duro. Hard. *Jart*

Echar. Gooien. *Jooyen*
Edad. Leeftijd. *Leefteyt*
Edificar. Bouwen. *Bauen*
Edificio. Gebouw. *Jebau*
Educación. Opvoeding. *Opfudeng*
Educado. Goed gemanierd. *Jut jemaaniirt*

Efecto. Effect. *Efekt*
Ejemplo. Voorbeeld. *Foorbeelt*
Ejercicio. Oefening. *Ufeneng*
Ejército. Leger. *Leejer*
Elástico. Elastiek. *Elastik*
Elección. Keuze. *Keuse*
Electricidad. Elektriciteit. *Eelektriisiiteyt*
Elefante. Olifant. *Ooliifant*
Elegir. Kiezen. *Kiisen*
Embalaje. Verpakking. *Ferpakeng*
Embarcarse. Inschepen. *Ensjeepen*
Encargado. Chef. *Syef*
Emoción. Emotie. *Eemootsii*
Empalme. Verbinding. *Ferbendeng*
Emperador. Keizer. *Keyser*
Empezar. Beginnen. *Bejenen*
Empleado. Bediende. *Bediinde*
Empleo. Baan. *Baan*
Empujar. Duwen. *Duuen*
Enaguas. Onderrok. *Onderrok*
Encaje. Kant. *Kant*
Encendedor. Aansteker. *Aansteeker*
Encontrar. Vinden. *Fenden*
Encuentro. Ontmoeting. *Ontmuteng*
Enemigo. Vijand. *Feyant*
Energía. Energie. *Eenersii*
Enfermedad. Ziekte. *Siikte*
Enfermera. Verpleegster. *Ferpleejster*

152

Enfermo. Zieke. *Siike*

Engañar. Bedriegen. *Bedrijen*

Engaño. Bedrog. *Bedroj*

Engordar. Dik Worden. *Dek uorden*

Engrasar. Invetten. *Enfeten*

Enojado. Kwaad. *Kuaat*

Enseñar. Onderwijzen. *Onderueysen*

Enteramente. Geheel. *Jejeel*

Entierro. Begrafenis. *Bejraafenes*

Entreacto. Pauze. *Pause*

Entregar. Afgeven. *Afgeefen*

Entrevista. Interview. *Enterfiiu*

Enviar. Zenden. *Senden*

Envolver. Inpakken. *Enpaken*

Equipo. Ploeg. *Pluj*

Equivocado. Verkeerd. *Ferkeert*

Equivocar. Vergissen. *Ferjesen*

Error. Fout. *Faut*

Escalera. Trap. *Trap*

Escaparate. Etalage. *Eetaalaasye*

Escape. Uitlaat. *Eutlaat*

Escaso. Schaars. *Sjaars*

Escenario. Toneel. *Tooneel*

Escoba. Bezem. *Beesem*

Escocés. Schot. *Sjot*

Escoger. Uitkiezen. *Eutkiisen*

Escollo. Klip. *Klep*

Escribir. Schrijven. *Sjreyfen*

Escuchar. Luisteren. *Leusteren*

Escuela. School. *Sjool*

Esmeralda. Smaragd. *Smaarajt*

Espacio. Ruimte. *Reumte*

Espada. Zwaard. *Suaart*

Esparadrapo. Hechtpleister. *Jejtpleyster*

Especial. Speciaal. *Speesiiaal*

Especialidad. Specialiteit. *Speesiiaaliiteyt*

Espectáculo. Show. *Syouu*

Espejo. Spliegel. *Spiijel*

Esperanza. Hoop. *Joop*

Esperar. Wachten. *Uajten*

Espeso. Dik. *Dik*

Espina. Graat. *Jraat*

Esquina. Hoek. *Juk*

Estatua. Beeld. *Beelt*

Estrecho. Nauw. *Nau*

Estrella. Ster. *Ster*

Estreñimiento. Verstopping. *Ferstoping*

Estribo. Stijgbeugel. *Steyjbeujel*

Estropear. Bederven. *Bederfen*

Estudiante. Student. *Student*

Estudiar. Studeren. *Studeeren*

Etiqueta. Etiquette. *Eetiiket*

Evidente. Duidelijk. *Deudelek*

Evitar. Vermijden. *Fermeyden*

Exacto. Precies. *Presiis*

Examen. Examen. *Eksaamen*

Excelente. Uitstekend. *Eutsteekent*

Excepto. Behalve. *Bejalfe*

Excursión. Excursie. *Ekskursii*

Excusa. Excuus. *Ekskus*
Exito. Succes. *Sucses*
Explicar. Uitleggen. *Eutlejen*
Exportar. Uitvoeren. *Eutfuren*
Exposición. Tentoonstelling. *Tentounsteling*
Expreso. Expres. *Ekspres*
Extranjero. Buitenlander. *Beutenlander*
Extraño. Vreemd. *Freemt*

Fábrica. Fabriek. *Faabriik*
Fácil. Gemakkelijk. *Jemakelek*
Falso. Vals. *Fals*
Familia. Familie. *Faamiilii*
Fango. Modder. *Moder*
Farmacia. Apotheek. *Aapooteek*
Faro. Vuurtoren. *Furtooren*
Ficha. Fiche. *Fiisye*
Fiebre. Koorts. *Koorts*
Fiesta. Feest. *Feest*
Fijo. Vast. *Fast*
Filete. Plak vlees. *Plank flees*
Fin. Eind. *Eynt*
Firmar. Tekenen. *Teekenen*
Flojo. Los. *Los*
Flor. Bloem. *Blum*
Fondo. Bodem. *Boodem*
Forastero. Vreemdeling. *Freemdeleng*
Forma. Vorm. *Form*
Fórmula. Formule. *Formule*
Frasco. Fles. *Fles*
Frecuentemente. Vaak. *Faak*
Freno. Rem. *Rem*

Fresa. Aardbei. *Aartbey*
Fréjol. Boom. *Boom*
Frío. Koud. *Kaud*
Frito. Gebakken. *Jebaken*
Frontera. Grens. *Jrens*
Fruta. Fruit. *Freut*
Fuego. Vuur. *Fur*
Fuente. Fontein, bron. *Fonteyn, bron*
Fuerte. Sterk. *Sterk*
Fuerza. Kracht. *Krajt*
Función. Opvoering. *Opfureng*
Fusil. Geweer. *Jeueer*
Futuro. Toekomst. *Tukomst*

Gabán. Overjas. *Ooferyas*
Gabardina. Regenjas. *Reejenyas*
Gafas. Bril. *Bril*
Gala. Gala. *Jaalaa*
Galaxia. Melkweg. *Melkuej*
Galería. Galerij. *Jaalerey*
Galleta. Koekje. *Kukkie*
Gallina. Hen. *Jen*
Gamba. Garnaal. *Jarnaal*
Ganado. Vee. *Fee*
Garantizado. Gegarandeerd. *Jejaarandeert*
Garganta. Keel. *Keel*
Gas. Gas. *Jas*
Gastar. Uitgeven. *Eutjeefen*
Gastos. Kosten. *Kosten*
Gato. Kat. *Kat*
Generoso. Gul. *Jul*
Gente. Mensen. *Mensen*

Geografía. Aardrijkskunde. *Aardreikskunde.*
Gerente. Direkteur. *Diirekteur*
Ginebra. Jenever. *Yeneefer*
Gobierno. Regering. *Rejeereng*
Golpe. Klap. *Klap*
Gordo. Dik. *Dik*
Gorra. Pet. *Pet*
Gota. Druppel. *Drepel*
Grapa. Nietje. *Niitye*
Grifo. Kraan. *Kraan*
Gripe. Griep. *Jriip*
Grito. Gil. *Jel*
Grosero. Grof. *Jrof*
Guapo. Kanap. *Knap*
Guardar. Bewaren. *Beuaaren*
Guardia. Politieagent. *Pooliitsiiaajent*
Gijarros. Kiezelstenen. *Kiiselsteenen*
Guisar. Koken. *Kooken*
Guitarra. Guitaar. *Jiitaar*
Gustar. Fijn vinden, mooi vinden, lekker vinden. *Feyn fenden,* **Mooy** *fenden,* **leker** *fenden.*

Haber. Hebben. *Jeben*
Habitación. Kamer. *Kaamer*
Habitante. Inwoner. *Inuooner*
Hablar. Spreken. *Spreeken*
Hacer. Maken. *Maaken*
Hambre. Honger. *Jonger*
Haya. Beuk. *Beuk*
Helado. Ijsje. *Eysye*

Hembra. Wijfje. *Ueyfye*
Herencia. Erfenis. *Erfenes*
Herida. Wond. *Uont*
Héroe. Held. *Jelf*
Hervir. Koken. *Kooken*
Hielo. Ijs. *Eys*
Hierba. Gras. *Jras*
Hierro. Ijzer. *Eyser*
Higo. Vijg. *Feyj*
Hilo. Draad. *Draat*
Hispano-americano. Zuid-Amerikaan. *Seut-Aameeriikaan*
Hoja. Blad. *Blat*
Hombre. Man. *Man*
Hombro. Schouder. *Sjauder*
Homicida. Moordenaar. *Moordenaar*
Homónimo. Homoniem. *Joomooniim*
Hondo. Diep. *Diip*
Hongo. Paddestoel. *Padestul*
Honor. Eer. *Eer*
Honorario. Honorarium. *Joonooraariiem*
Honrado. Eerlij. *Eerlek*
Horizontal. Horizontaal. *Jooriisontaal*
Horno. Oven. *Oofen*
Hospedaje. Onderdak. *Onderdak*
Hospital. Ziekenhuis. *Siikenjeus*
Hospitalidad. Gastvrijheid. *Jastfreyjeyt*
Huelga. Staking. *Staaking*
Hueso. Been. *Bein*
Huida. Vlucht. *Flujt*

Hulla. Steenkool. *Steenkoul*
Humano. Menselijk. *Menselek*
Humo. Rook. *Rook*
Húmedo. Vochtig. *Fojtej*
Huracán. Orkaan. *Orkaan*

Idea. Idee. *Iidee*
Identificación. Identificatie. *Iidentiifiikaatsii*
Idioma. Taal. *Taal*
Idiota. Idioot. *Iidiioot*
Iglesia. Kerk. *Kerk*
Igual. Gelijk. *Jeleyk*
Ilegal. Illegaal. *Ileejaal*
Ilustración. Illustratie. *Ilestraatsii*
Imaginación. Verbeelding. *Ferbeeldeng*
Imán. Magneet. *Majneet*
Imitación. Imitatie. *Imiitaatsii*
Imperdible. Veiligheidsspel. *Feylejeytspelt*
Impermeable. Regenjas. *Reejenyas*
Incautar. In beslag nemen. *En beslaj neemen*
Incidente. Voorval. *Foorfal*
Incluido. Inbegrepen. *Enbejreepen*
Incoloro. Kleurloos. *Kleurloos*
Incómodo. Ongemakkelijk. *Onjemakelek*
Incompleto. Onvolledig. *Onfoleedej*

Indemnización. Schadeloosstelling. *Sjaadeloossteleng*
Independencia. Onafhankelijkheid. *Onafjankelekheyt*
Indicar. Aangeven. *Aanjeefen*
Indigestión. Indigestie. *Endiijestii*
Individuo. Individu. *Endiifiidu*
Infierno. Hel. *Jel*
Injusto. Onrechtvaardig. *Onrejtfaardej*
Inmigración. Immigratie. *Emiijraatsii*
Inocente. Onschuldig. *Onsjeldej*
Inquilino. Huurder. *Jurder*
Insecto. Insekt. *Ensekt*
Insistir. Aandringen. *Aandrengen*
Inspeccionar. Onderzoeken. *Ondersuken*
Intelectual. Intellectueel. *Entelektueel*
Inteligente. Inteligent. *Enteliijent*
Intenso. Intens. *Entens*
Interpretar. Vertolken. *Fertolken*
Interruptor. Schakelaar. *Sjaakelaar*
Inundación. Overstroming. *Ooferstroomen*
Inútil. Nutteloos. *Neteloos*
Invalidez. Invaliditeit. *Enfaaliidiiteyt*
Invasor. Binnendringer. *Benendrenger*

Inventario. Inventaris. *Enfentaares*

Investigar. Onderzoeken. *Ondersuken*

Inyección. Injektie. *Enyeksii*

Ir. Gaan. *Jaan*

Ira. Toorn. *Toorn*

Iris. Iris. *Iires*

Ironía. Ironie. *Iiroonii*

Irritar. Ergeren. *Erjeren*

Isla. Eiland. *Eylant*

Izar. Hijsen. *Jeysen*

Jabón. Zeep. *Seep*

Jamón. Ham. *Jam*

Jardín. Tuin. *Teun*

Jerarquía. Rangorde. *Rangorde*

Jerez. Sherry. *Syerii*

Jornalero. Dagloner. *Dajlooner*

Joven. Jong. *Young*

Joya. Juweel. *Yuueel*

Júbilo. Grote vreugde. *Jroote Freujde*

Juego. Spel. *Spel*

Juez. Rechter. *Rejter*

Jugar. Spelen. *Speelen*

Jugo. Sap. *Sap*

Juicio. Oordeel. *Oordeel*

Justicia. Justitie. *Yestiitsii*

Justo. Juist. *Yeust*

Juvenil. Jeugdig. *Yeujdej*

Kilo. Kilo. *Kiiloo*

Kilociclo. Kilocycle. *Kiiloosiikle*

Kilovatio. Kilowatt. *Kiloouat*

Kiosco. Kiosk. *Kiiosk*

Laberinto. Labyrint. *Laabiirent*

Labio. Lip. *Lep*

Labor. Werk. *Uerk*

Lacre. Lak. *Lak*

Ladrón. Dief. *Diif*

Lagarto. Hagedis. *Jaajedes*

Lago. Meer. *Meer*

Lamentar. Betreuren. *Betreuren*

Lámpara. Lamp. *Lamp*

Lana. Wol. *Uol*

Langosta. Sprinkhaan. *Sprenkjaan*

Lápiz. Potlood. *Potloot*

Latino. Latijn. *Laateyn*

Lavabo. Wastafel. *Uastaafel*

Lavandería. Wasserij. *Uaserey*

Lavar. Wassen. *Uasen*

Laxante. Laxeermiddel. *Lakseermedel*

Lección. Les. *Les*

Leche. Melk. *Melk*

Lechuga. Slaa. *Slaa*

Leer. Lezen. *Leesen*

Lejos. Ver. *Fer*

Lengua. Tong. *Tong*

Lento. Lagzaam. *Langsaam*

Leña. Brandhout. *Brantjaut*

León. Leeuw. *Leeu*

Letrero. Opschrift. *Opsjreft*

Levantarse. Opstaan. *Opstaan*

157

Ley. Wet. *Uet*
Leyenda. Legende. *Lejende*
Libertad. Vrijheid. *Freyjeyt*
Libre. Vrij. *Frey*
Libreta. Boekje. *Bukye*
Libro. Boek. *Buk*
Licencia. Vergunning. *Ferjeneng*
Licor. Likeur. *Liikeur*
Liga. Kouseband. *Kausebant*
Ligero. Licht. *Lejt*
Límite. Grens. *Jrens*
Limón. Citroen. *Siitrun*
Limonada. Limonade. *Liimoonaade*
Limpiar. Schoonmaken. *Sjoonmaaken*
Lindo. Mooi. *Mooy*
Lino. Linnen. *Lenen*
Linterna. Lantaarn. *Lantaarn*
Liso. Vlak. *Flak*
Lista. Lijst. *Leyst*
Litera. Couchette. *Kusiiet*
Lobo. Wolf. *Uolf*
Loci. Gek. *Jek*
Locomotora. Lokomotief. *Lookoomootiif*
Locutor. Omroeper. *Omruper*
Loma. Heuvel. *Jeufel*
Lugar. Plaats. *Plaats*
Lujoso. Weelderig. *Ueelderej*
Lumbre. Uur. *Ur*
Luna. Maan. *Maan*
Luz. Licht. *Lejt*

Llaga. Wond. *Uont*
Llama. Vlam. *Flam*

Llamar. Roopen. *Rupen*
Llanura. Vlakte. *Flakte*
Llave. Sleutel. *Sleutel*
Llegada. Aankomst. *Aankomst*
Llenar. Vullen. *Felen*
Llorar. Huilen. *Jeulen*
Lloriqueo. Gehuil. *Jejeul*
Llover. Regenen. *Reejenen*

Madeja. Streng. *Streng*
Madera. Hout. *Jaut*
Madrugar. Vroeg opstaan. *Fru opstaan*
Maestro. Meester. *Meester*
Magnífico. Prachtig. *Prajtej*
Maíz. Mais. *Maays*
Mal. Slecht. *Slejt*
Maleta. Koffer. *Kofer*
Maletín. Koffertje. *Kofertye*
Mancha. Vlek. *Flek*
Mandar. Sturen. *Sturen*
Manga. Mouw. *Mau*
Manivela. Hendel. *Jendel*
Mantel. Tafelkleed. *Taafelkleet*
Mantequilla. Boter. *Booter*
Mar. Zee. *See*
Marca. Merk. *Merk*
Marchar. Vertrekken. *Fertreken*
Marea. Getij. *Jetey*
Mármol. Marmer. *Marmer*
Martillo. Hamer. *Jaamer*
Marqués. Markies. *Markiis*
Matar. Doden. *Dooden*

Material. Materiaal. *Maateeriiaal*

Matrícula. Register. *Rejester*

Mausoleo. Mausoleum. *Mausooleeem*

Mayoría. Meerderheid. *Meerderjeyt*

Mecanógrafa. Typiste. *Tiipeste*

Medicina. Medicijn. *Meediiseyn*

Medida. Maat. *Maat*

Mendigo. Bedelaar. *Beedelaar*

Mensaje. Boodschap. *Bootsjap*

Mentira. Leugen. *Leujen*

Mercado. Markt. *Markt*

Merienda. Koffietafel. *Kofiitaafel*

Metal. Metaal. *Meetaal*

Meter. Brengen (in). *Brenguen in*

Mezclado. Gemengd. *Jemengt*

Mezquita. Moskee. *Moskee*

Miedo. Angst. *Angst*

Miel. Honing. *Jooneng*

Miembro. Lid. *Lid*

Mirar. Kijken. *Keyken*

Misa. Mis. *Mes*

Misionero. Zendeling. *Sendeling*

Mochila. Rugzak. *Rejsak*

Moda. Mode. *Moode*

Modista. Naaister. *Naayster*

Mojado. Nat. *Nat*

Molécula. Molekuul. *Moolekul*

Molestar. Lasting vallen. *Lastej falen*

Molestia. Storing. *Stooring*

Mono. Aap. *Aap*

Montaña. Berg. *Berj*

Monte. Gebergte. *Jeberjte*

Montura. Tuig. *Teuj*

Monumento. Monument. *Moonument*

Mordisco. Beet. *Beet*

Morir. Sterven. *Sterfen*

Mosaico. Mozaïk. *Moosaaiik*

Mosca. Vlieg. *Fliij*

Mostaza. Mosterd. *Mostert*

Mostrador. Toonbank. *Toonbank*

Muchacha. Meisje. *Meysye*

Muchacho. Jongen. *Yongen*

Mueble. Meubel. *Meubel*

Muela. Kies. *Kiis*

Muelle. Veer. *Feer*

Muelle. Kade. *Kaade*

Muerto. Dood. *Doot*

Mujer. Vrouw. *Frau*

Multa. Boete. *Bute*

Mundo. Wereld. *Ueerelt*

Muñeca. Pop. *Pop*

Músculo. Spier. *Spiir*

Músico. Musikus, muzikant. *Musiikes, Musiikant*

Nácar. Paarlemoer. *Paarlemur*

Nacarado. Paarlemoerkleurig. *Paarlemurkleurej*

Nacer. Geboren worden. *Jebooren uorden*

Nada. Niets. *Niits*

159

Nadar. Zwemmen. *Suemen*
Nadie. Niemand. *Niimant*
Naipe. Kaart. *Kaart*
Naturaleza. Natuur. *Naatur*
Náusea. Misselijkheid. *Meselekjeyt*
Navidad. Kerstmis. *Kerstmes*
Necesitar. Nodig hebben. *Noodej jeben*
Neceser. Nécessaire. *Neeseser*
Necio. Dom. *Dom*
Necrópolis. Dodenstad. *Doodenstat*
Nefritis. Nierontsteking. *Niirontsteeking*
Negar. Weigeren. *Ueyjeren*
Negocios. Zaken. *Saaken*
Nene. Klein kind. *Kleyn kent*
Nervio. Zenuw. *Seenuu*
Neumonía. Longontsteking. *Longontsteeking*
Nevar. Sneeuwen. *Sneeuen*
Nevera. Koelkast. *Kulkast*
Niebla. Mist. *Mest*
Nieve. Sneeuw. *Sneeu*
Nogal. Noteboom. *Nooteboom*
Norte. Noord. *Noort*
Noticias. Berichten. *Berejten*
Novedad. Nieuws. *Niius*
Novela. Roman. *Rooman*
Novia. Bruid, Verloofde. *Breut Ferloofde*
Nube. Wolk. *Uolk*
Nuez. Walnoot. *Ualnoot*
Numismática. Numismatiek. *Numesmaatiik*
Nunca. Nooit. *Nooyt*

Oasis. Oase. *Ooaase*
Obediencia. Gehoorzaamheid. *Jejoorsaamjeyt*
Obeso. Dik. *Dek*
Objeto. Voorwerp. *Fooruerp*
Oblicuo. Schuin. *Sjeun*
Obsequio. Cadeau. *Kaadoo*
Observatorio. Sterrenwacht. *Sterenuajt*
Obtener. Verkrijgen. *Ferkreyjen*
Ocasión. Gelegenheid. *Jeleejenjeyt*
Océano. Oceaan. *Ooseeaan*
Odiar. Haten. *Jaaten*
Oeste. Westen. *Uesten*
Oír. Horen. *Jooren*
Ojal. Knoopsgat. *Knoopsjat*
Ojo. Oog. *Ooj*
Ola. Golf. *Jolf*
Oler. Ruiken. *Reuken*
Olvidar. Vergeten. *Ferjeeten*
Onda. Golf. *Jolf*
Optico. Opticien. *Optiisiien*
Opuesto. Tegenover. *Teejenoofer*
Oración. Gebed. *Jebet*
Oreja. Oor. *Oor*
Orfebre. Goudsmid. *Jautsmid*
Organo. Orgel, orgaan. *Orjel, orjaan*
Orgulloso. Trots. *Trots*
Orquídea. Orchidee. *Orjiidee*
Oscuro. Donker. *Donker*
Oso. Beer. *Beer*
Ostra. Oester. *Uster*
Oveja. Schaap. *Sjaap*

Oxido. Roest. *Rust*

Oxígeno. Zuurstof. *Surstof*

Pabellón. Paviljoen. *Paafel-yun*

Paciencia. Geduld. *Jedelt*

Paciente. Pacient. *Paasiient*

Página. Pagina. *Paajiinaa*

Paja. Stro. *Stroo*

Pájaro. Vogel. *Foojel*

Palabra. Woord. *Uoort*

Palacio. Paleis. *Paaleys*

Pálido. Bleek. *Bleek*

Palmera. Palm. *Palm*

Palo. Stok. *Stok*

Paloma. Duif. *Deuf*

Pantalón. Pantalon. *Pantaa-lon*

Pañuelo. Zakdoek. *Sakduk*

Papel. Papier. *Paapiir*

Paquete. Pakket. *Paket*

Paraguas. Paraplu. *Paaraaplu*

Paralelo. Parallel. *Paaralel*

Parar. Stoppen. *Stopen*

Parecer. Lijken. *Leyken*

Pared. Muur. *Mur*

Pareja. Paar. *Paar*

Pasaje. Passage. *Pasaage*

Pasaporte. Paspoort. *Paspoort*

Pasillo. Gang. *Jang*

Pastelería. Banketbakkerij. *Banketbakerey*

Pastilla. Tablet. *Taablet*

Patio. Binnenplaats. *Benen-plaats*

Patrulla. Patrouille. *Paatruye*

Paz. Vrede. *Freede*

Peaje. Tol. *Tol*

Peatón. Voetganger. *Futjan-guer*

Pedrería. Juwelen. *Yuueelen*

Peine. Kam. *Kam*

Película. Film. *Felm*

Peligro. Gevaar. *Jefaar*

Pendientes. Oorbellen. *Oor-belen*

Penitencia. Boetedoening. *Buteduneng*

Pensar. Denken. *Denken*

Pensión. Pension. *Pensiiun*

Percha. Kleerhanger. *Kleer-januer*

Perdido. Verloren, verd-waald. *Ferlooren, ferduaalt*

Peregrino. Pelgrim. *Peljrem*

Perejil. Peterselie. *Peeterseelii*

Perezoso. Lui. *Leu*

Perla. Parel. *Paarel*

Permanecer. Verblijven. *Fer-bleyfen*

Permitir. Toestaan. *Tustaan*

Perro. Hond. *Jont*

Persiana. Jaloezie. *Yaalusii*

Pertenecer. Toebehoren. *Tubejooren*

Petróleo. Petroleum. *Peetroo-leeem*

Picadura. Beet. *Beet*

Piedra. Steen. *Steen*

Pijama. Pyama. *Piiaamaa*

Pila. Batterij. *Baterey*

Píldora. Pil. *Pel*

Piloto. Piloot. *Piiloot*

Pimienta. Peper. *Peeper*

Pintura. Verf. *Ferf*

161

Piscina. Zwembad. *Swembat*

Piso. Verdieping flat. *Ferdiipeng, flet*

Pistola. Pistool. *Piistool*

Plancha (de ropa). Strijkijzer. *Streykeyser*

Plata. Zilver. *Selfer*

Playa. Strand. *Strant*

Plaza. Plein. *Pleyn*

Plomo. Lood. *Loot*

Pluma. Veer. *Feer*

Pobre. Arm. *Arm*

Poco. Weinig. *Ueynej*

Poesía. Gedicht. *Jedejt*

Polvo. Poeder. *Poder*

Polvo (suiciedad). Stof. *Stof*

Pollo. Kip. *Kep*

Pomada. Pommade. *Pomaade*

Porcelana. Porselein. *Porseleyn*

Portero. Portier. *Portiir*

Prado. Weide. *Ueyde*

Precioso. Kostbaar. *Kostbaar*

Premio. Prijs. *Preys*

Preso. Gevangene. *Jefanguene*

Probar. Passen, proberen. *Pasen, proobeeren*

Prabar (comidas). Proeven. *Prufen*

Profesor. Leraar. *Leeraar*

Profundo. Diep. *Diip*

Prohibido. Verboden. *Ferbooden*

Protección. Bescherming. *Besjermeng*

Provincia. Provincie. *Proofensii*

Próximo. Volgend, aanstaand. *Foljent, aanstaant*

Puente. Brug. *Brej*

Puerta. Deur. *Deur*

Pulmón. Long. *Long*

Pulsera. Armband. *Armbant*

Puro. Puur. *Pur*

Quemadura. Brandwond. *Brantuont*

Quemar. Verbranden. *Ferbranden*

Querer. Willen, Houden van. *Uelen, jauden fan*

Quirófano. Operatiezaal. *Ooperaatsiisaal*

Quirúrgico. Operatief. *Ooperaatiif*

Quitamanchas. Vlekkenmiddel. *Flekenmedel*

Quitar. Verwijderen. *Ferueyderen*

Rábanos. Radijsjes. *Raadeysyes*

Rabia. Razermij. *Raaserney*

Radiactividad. Radioaktiviteit. *Raadiiooaktiifiiteyt*

Rana. Kikker. *Keker*

Rápidamente. Snel. *Snel*

Raro. Buitengewoon. *Beutejeuoon*

Rascacielos. Wolkenkrabber. *Uolkenkraber*

Rasguño. Krabbel. *Krabel*

Rata. Rat. *Rat*

Ratón. Muis. *Meus*

Rayo. Straal. *Straal*

Rayos X. X-Stralen. *Eksstraalen*

Raza. Ras. *Ras*

Razón. Rede. *Reede*

Rebaja. Korting. *Korting*

Recado. Boodschap. *Bootsjap*

Receta. Recept. *Resept*

Recibir. Ontvangen. *Ontfangen*

Recibo. Kwitantie. *Kuiitansii*

Recobrar. Terugkrijgen. *Terejkreyjen*

Recuerdo. Herinnering. *Jerenereng*

Red. Net. *Net*

Redondo. Rond. *Ront*

Reembolso. Rembours, terugbetaling. *Remburs, terejbetaaleng*

Refresco. Frisse drank. *Frese drank*

Regalo. Cadeau. *Kaadoo*

Régimen. Dieet. *Diieet*

Región. Streel. *Streek*

Reglamento. Reglement. *Reejlement*

Rehusar. Weigeren. *Ueyjeren*

Reina. Koningin. *Koonengen*

Reír. Lachen. *Lajen*

Relámpago. Bliksemstraal. *Bleksemstraal*

Remolacha. Biet. *Bieit*

Remolcar. Slepen. *Sleepen*

Repetir. Herhalen. *Jerjaalen*

Reportero. Verslaggever. *Ferslajeefer*

Representante. Vertegenwoordiger. *Ferteejenuoordejer*

Resbaladizo. Glibberig. *Jleberej*

Resfriado. Verkouden. *Ferkauden*

Residente. Resident. *Reesiident*

Respiración. Ademhaling. *Aademjaaleng*

Respirar. Ademhalen. *Aademjaalen*

Responder. Antwoorden. *Antuoorden*

Responsabilidad. Verantwoording. *Ferantuoording*

Respuesta. Antwoord. *Antuoort*

Retrato. Portret. *Portret*

Revelar. Ontwikkelen. *Euteukelen*

Revisor. Kontroleur. *Kontrooleur*

Revista. Tijdschrift. *Teytsjreft*

Rey. Koning. *Kooning*

Rico. Rijk, lekker. *Reyk, leker*

Río. Rivier. *Riifiir*

Risa. Lach. *Laj*

Rizador. Haarkruller. *Jaarkruler*

Roca. Rots. *Rots*

Rodilla. Knie. *Knie*

Rompeolas. Golfbreker. *Jolfbreeker*

Romper. Breken. *Breeken*

Ropa. Kleding. *Kleeding*

Roto. Gebroken. *Jebrooken*

Rubí. Robijn. *Roobeyn*
Rubio. Blond. *Blont*
Rueda. Wiel. *Uiil*
Ruido. Geluid. *Jeleut*
Ruidoso. Lawaaierig. *Laa-uaayerej*
Ruina. Ruine. *Ruiine*
Rulo. Roller. *Roler*
Rural. Landelijk. *Landelek*
Rusia. Rusland. *Reslant*
Ruso. Rus. *Rus*
Ruta. Route. *Rute*

Sábana. Laken. *Laaken*
Saber. Weten, Kennen. *Ueeten, kenen*
Sabio. Geleerde. *Jeleerde*
Sabor. Smaak. *Smaak*
Sacar. Uithalen. *Eutjaalen*
Sacerdote. Priester. *Priister*
Sal. Zout. *Saut*
Sala de espera. Wachtkamer. *Uajtkaamer*
Salchicha. Metworst. *Met-uorst*
Salir. Uitgaan. *Eutjaan*
Salsa. Saus. *Saus*
Saltar. Springen. *Sprengen*
Salud. Gezondheid. *Jesont-jeyt*
Saludo. Groet. *Jrut*
Salvaje. Wild(e). *Uelt, uelde*
Salvavidas. Reddingsboei. *Redingsbuy*
Sangre. Bloed. *Blut*
Sartén. Pan. *Pan*

Sastre. Kleermaker. *Kleer-maaker*
Seco. Droog. *Drooj*
Secreto. Geheim. *Jejeym*
Seda. Zijde. *Seyde*
Sedal. Vislijn. *Fesleyn*
Seducción. Verleiding. *Fer-leyding*
Seguir. Volgen. *Foljen*
Selva. Woud. *Uaut*
Sello. Postzegel. *Postseejel*
Semana. Week. *Ueek*
Semejante. Soortgelijk. *Soort-jeleyk*
Sencillo. Eenvoudig. *Eenfau-dej*
Señal. Teken. *Teeken*
Señas. Adres. *Aadres*
Ser. Zijn. *Seyn*
Servilleta. Servet. *Serfet*
Servir. Dienen. *Diinen*
Seta. Paddestoel. *Padestul*
Sidra. Appelsap. *Apelsap*
Siempre. Altijd. *Alteyt*
Sierra. Zaag, Bergketen. *Saaj, berjkeeten*
Siesta. Middagslaapje. *Me-dajslaapye*
Siglo. Eeuw. *Eeu*
Silencio. Stilte. *Stelte*
Silla. Stoel. *Stul*
Simpatía. Sympathie. *Sem-paatii*
Sincero. Eerlijk. *Eerlek*
Sobrina. Nicht. *Nejt*
Sobrino. Neef. *Neef*
Sol. Zon. *Son*
Soldado. Soldaat. *Soldaat*

Sólido. Degelijk. *Deejeleik*
Soltero. Vrijgezel. *Freyjesel*
Sombra. Schaduw. *Sjaaduu*
Sombrero. Hoed. *Jut*
Sonido. Geluid. *Jeleut*
Sonrisa. Glimlach. *Jlemlaj*
Sopa. Soep. *Sup*
Sortija. Ring. *Ring*
Subterráneo. Ondergronds. *Onderjronts*
Súbdito. Onderdaan. *Onderdaan*
Sucio. Vuil. *Feul*
Sudor. Zweet. *Sueet*
Sueco. Zweed. *Sueet*
Suegra. Schoonmoeder. *Sjoonmuder*
Suerte. Geluk. *Jeluk*
Suicidio. Zelfmoord. *Selfmoort*
Suizo. Zwitser. *Suetser*
Sujetador. B.H.. *Beejaa*
Sumar. Optellen. *Optelen*
Sumergir. Onderdompelen. *Onderdompelen*
Surtidor. Benzinepomp. *Bensiinepomp*

Tabaco. Tabak. *Taabak*
Taberna. Kroeg, taveerne. *Kruj, taafeerne*
Tabique. Wand. *Uant*
Tacón. Hak. *Jak*
Tacto. Gevoel. *Jeful*
Tapa. Deksel. *Deksel*

Tardar. Lang wegblijven. *Lang uejbleyfen*
Tarta. Taart. *Taart*
Tejado. Dak. *Dak*
Tela. Stof. *Stof*
Telegrama. Telegram. *Teelejram*
Tempestad. Storm. *Storm*
Temprano. Vroeg. *Fruj*
Tener. Hebben. *Jeben*
Teñir. Verven. *Ferfen*
Terapéutica. Geneeskunst. *Jeneeskunst*
Terciopelo. Fluweel. *Fluueel*
Terminar. Beeindigen. *Beeyndejen*
Termómetro. Thermometer. *Termoomeeter*
Tetera. Theepot. *Teepost*
Tiburón. Haai. *Jaay*
Tiempo. Tijd, weer. *Teyt, ueer*
Tienda. Winkel. *Uenkel*
Tierra. Land. *Lant*
Tieso. Stijf. *Steyf*
Tijeras. Schaar. *Sjaar*
Tímido. Verlegen. *Ferleejen*
Tinta. Inkt. *Enkt*
Tipo. Type. *Tiipe*
Toalla. Handdoek. *Janduk*
Tonto. Dom. *Dom*
Topógrafo. Topograaf. *Toopoojraaf*
Tornillo. Schroef. *Sjruf*
Toro. Stier. *Stiir*
Tos. Hoest. *Just*
Tostada. Toast. *Toost*
Trabajador. Arbeider. *Arbeyder*

Trabajar. Werken. *Uerken*
Traducir. Vertalen. *Fertaalen*
Traer. Meebrengen. *Meebrengen*
Traje (hombre). Kostuum. *Kostum*
Traje (mujer). Jurk. *Yerk*
Tranquilo. Rustig. *Restej*
Transferir. Overdragen. *Ooferdraajen*
Transfusión. Traansfusie. *Transfusii*
Trapecio. Trapezium. *Trapeesiiem*
Tribunal. Rechtbank. *Rejtbank*
Triste. Treurig. *Treurej*
Trolebús. Trolleybus. *Troliibus*
Tropical. Tropisch. *Troopiis*
Tubería. Leiding. *Leyding*
Tumba. Graf. *Jraf*
Túnel. Tunnel. *Tuneel*
Turco. Turk. *Terk*

Ulcera. Zweer. *Sueer*
Universitario. Student. *Student*
Urbanidad. Beleefdheid. *Beleeftjeyt*
Urbanización. Stadswijk. *Statsueyk*
Usado. Versleten. *Fersleeten*
Usar. Gebruiken. *Jebreuken*
Util. Nutting. *Netej*
Uva. Druif. *Dreuf*

Vaca. Koe. *Ku*
Vacaciones. Vakantie. *Faakantsii*
Vacío. Leeg. *Leej*
Vacuna. Inenting. *Enenteng*
Vacunar. Inenten. *Enenten*
Valiente. Moedig. *Mudej*
Valioso. Waardevol. *Uaardefol*
Válvula. Klep. *Klep*
Vapor. Damp. *Damp*
Vaso. Glas. *Jlas*
Vecino. Buurman. *Burman*
Velocidad. Snelheid. *Sneljeyt*
Vendaje. Verband. *Ferbant*
Vendedor. Verkoper. *Ferkooper*
Vender. Verkopen. *Ferkoopen*
Veneno. Vergif. *Ferjef*
Ventana. Raam. *Raam*
Ventilador. Ventilator. *Fentiilaator*
Ver. Zien. *Siin*
Verdad. Waarheid. *Uaarjeyt*
Verdaderamente. Werkelijk. *Uerkelek*
Vestido. Jurk. *Yerk*
Vinagre. Azijn. *Aaseyn*
Visado. Visa. *Fiisaa*
Visita. Bezoek. *Besuk*
Viuda. Weduwe. *Ueeduue*
Vivir. Leven. *Leefen*
Volante. Stuurwiel. *Sturuiil*
Volar. Vliegen. *Fliijen*
Volcar. Kantelen. *Kantelen*
Voltaje. Voltage. *Foltaasye*
Volver. Terugkeren. *Terejkeeren*

166

Vomitar. Braken. *Braaken*
Voz. Stem. *Stem*
Vuelo. Vlucht. *Flejt*
Vuelta. Terugkeer. *Terejkeer*

Yacer. Liggen. *Lejen*
Yate. Jacht. *Yajt*
Yegua. Merrie. *Merii*
Yodo. Jodium. *Yoodiiem*
Yunque. Aanbeeld. *Aabeelt*

Zafiro. Saffier. *Safiir*
Zanahorias. Worteltjes. *Uorteltches*
Zapatilla. Pantoffel. *Pantofel*
Zarpa. Klauw. *Klau*
Zarpar. Anker lichten. *Anker Lejten*
Zoológico. Dierentuin. *Diirenteun*
Zorro. Vos. *Fos*
Zurdo. Linkshandig. *Lenksjandej*

DICCIONARIO HOLANDÉS-ESPAÑOL

Aanbeeld. Aabeelt. *Yunque*

Aanbiddelijk. Aanbedelek. *Adorable*

Aandringen. Aandrengen. *Insistir*

Aangenaam. Aanjenaam. *Agradable*

Aangeven. Aajeefen. *Indicar*

Aankomst. Aankomst. *Llegada*

Aannemen. Aanneemen. *Aceptar*

Aansteker. Aansteeker. *Encendedor*

Aanvaarden. Aanfaarden. *Admitir*

Aap. Aap. *Mono*

Aardbei. Aartbey. *Fresa*

Aartsbisschop. Aartsbesjop. *Arzobispo*

Absoluut. Apsoolut. *Absolutamente*

Academie. Aakaadeemii. *Academia*

Achternaam. Ajternaam. *Apellido*

Actief. Aktiif. *Activo*

Ademhalen. Aademjaalen. *Respirar*

Ademhaling. Aademjaaleng. *Respiración*

Admiraal. Atmiirall. *Almirante*

Adres. Aadres. *Señas*

Advertentie. Atfertentsii. *Anuncio*

Advokaat. Atfookaat. *Abogado*

Afgeven. Afgeefen. *Entregar*

Afmeting. Afmeeting. *Dimensión*

Afsprrak. Afsprrak. *Cita*

Afvoer. Afur. *Desagüe*

Afwezig. Afueesej. *Ausente*

Agent. Aajent. *Agente*

Aksent. Aksent. *Acento*

Akteur. Akteur. *Actor*

Alarm. Aalarm. *Alarma*

Alcohol. Alkoojol. *Alcohol*

Alfabet. Alfaabet. *Alfabeto*

Altaar. Altaar. *Altar*

Altijd. Alteyt. *Siempre*

Amandel. Amandel. *Almendra*

Amateur. Aamaateur. *Aficionado*

Ambulance. Ambulans. *Ambulancia*

Angst. Angst. *Miedo*

Anker lichten. Anker Lejten. *Zarpar*

Antwoorden. Antuoorden. *Responder*

Antwoord. Antuoort. *Contestación*

Antwoord. Antuoort. *Respuesta*

Apotheek. Aapooteek. *Farmacia*

Appelsap. Apelsap. *Sidra*
Arbeider. Arbeyder. *Trabajador*
Architekt. Arjiitekt. *Arquitecto*
Armband. Armbant. *Pulsera*
Arm. Arm. *Pobre*
Artiest. Artiist. *Artista*
Asbak. Asbak. *Cenicero*
Autoriteit. Autooriiteyt. *Autoridad*
Azijn. Aaseyn. *Vinagre*

B.H. Beejaa. *Sujetador*
Baai. Baay. *Bahía*
Baan. Baan. *Empleo*
Baard. Baart. *Barba*
Bagage-depot. Baakaasyedeepoo. *Consigna*
Bakboord. Bakboort. *Babor*
Balkon. Balkon. *Balcón*
Ballpen. Balpen. *Bolígrafo*
Banketbakkerij. Banketbakerey. *Pastelería*
Batterij. Baterey. *Pila*
Bedanken. Bedanken. *Agradecer*
Bedelaar. Beedelaar. *Mendigo*
Bederven. Bederfen. *Estropear*
Bediende. Bediinde. *Dependiente*
Bediende. Bediinde. *Empleado*
Bedriegen. Bedriijen. *Engañar*

Bedrog. Bedroj. *Engaño*
Bed. Bet. *Cama*
Beeindigen. Beeyndejen. *Acabar*
Beeindigen. Beeeyndejen. *Terminar*
Beek. Beek. *Arroyo*
Beeld. Beelt. *Estatua*
Been. Bein. *Hueso*
Beer. Beer. *Oso*
Beet. Beet. *Mordisco*
Beet. Beet. *Picadura*
Begeleiden. Bejeleyden. *Acompañar*
Begerig. Bejeerej. *Ansioso*
Beginnen. Bejenen. *Comenzar*
Beginnen. Bejenen. *Empezar*
Begraafplaats. Bejraafplaats. *Cementerio*
Begrafenis. Bejraafenes. *Entierro*
Begrijpen. Begreypen. *Comprender*
Behalve. Bejalfe. *Excepto*
Behoorlijk. Bejoorlek. *Debidamente*
Beide(n). Beyde(n). *Ambos*
Beleefdheid. Beleeftjeyt. *Urbanidad*
Bel. Bel. *Campana*
Beminnen. Beminen. *Amar*
Beneden. Beneeden. *Abajo*
Benzinepomp. Bensiinepomp. *Surtidor*
Bereid. Bereyt. *Dispuesto*
Bereiken. Bereyken. *Alcanzar*

Berg. Berj. *Montaña*
Berichten. Berejten. *Noticias*
Beschaamd. Besjaamt. *Avergonzado*
Bescherming. Besjermeng. *Protección*
Beschikbaar. Besjekbaar. *Disponible*
Besluiten. Besleuten. *Decidir*
Besmettelijk. Besmetelek. *Contagioso*
Besturen, Rijden. Besturen, reyden. *Conducir*
Betreuren. Betreuren. *Lamentar*
Betwisten. Betuesten. *Disputar*
Beuk. Beuk. *Haya*
Bevroren. Befrooren. *Congelado*
Bewaren. Beuaaren. *Guardar*
Bewondering. Beuondereng. *Admiración*
Bezem. Beesem. *Escoba*
Bezoek. Besuk. *Visita*
Bibliotheek. Biibliiooteek. *Biblioteca*
Biet. Bieit. *Remolacha*
Bijvoeglijk naamwoord. Beyfujlek naamuoort. *Adjetivo*
Bijwonen. Beyuoonen. *Asistir*
Binnendriger. Benendrenger. *Invasor*
Binnenplaats. Benenplaats. *Patio*

Binnen. Benen. *Dentro*
Bitter. Beter. *Amargo*
Blad. Blat. *Hoja*
Bleek. Bleek. *Pálido*
Blikopener. Blekoopener. *Abrelatas*
Bliksemstraal. Bleksemstraal. *Relámpago*
Blind. Blint. *Ciego*
Bloed. Blut. *Sangre*
Bloem. Blum. *Flor*
Blond. Blont. *Rubio*
Bodem. Boodem. *Fondo*
Boekje. Bukye. *Libreta*
Boek. Buk. *Libro*
Boer. Buur. *Campesino*
Boetedoening. Buteduneng. *Penitencia*
Boete. Bute. *Multa*
Boodschap. Bootsjap. *Mensaje*
Boodschap. Bootsjap. *Recado*
Boog. Bouj. *Arco*
Boom. Boum. *Arbol*
Boom. Boom. *Arbol*
Borstelen. Borstelen. *Cepillar*
Boter. Booter. *Mantequilla*
Botsing. Botsing. *Choque*
Bougie. Buji. *Bujía*
Bouwen. Bauen. *Construir*
Bouwen. Bauen. *Edificar*
Braken. Braaken. *Vomitar*
Brandhout. Brantjaut. *Leña*
Brandwond. Brantuont. *Quemadura*
Breed. Breet. *Ancho*
Breken. Breeken. *Romper*

170

Brengen (in). Brenguen in. *Meter*

Brief. Brif. *Carta*

Brievenbus. Briifenbus. *Buzón*

Bril. Bril. *Gafas*

Brug. Brej. *Puente*

Bruid, Verloofde. Breut Ferloofde. *Novia*

Bruin. Breun. *Bronceado*

Buitengewoon. Beuteieuoon. *Raro*

Buitenlander. Beutenlander. *Extranjero*

Burgemeester. Berjemeester. *Alcalde*

Buurman. Burman. *Vecino*

Cadeau. Kaadoo. *Obsequio*

Cadeau. Kaadoo. *Regalo*

Catalogus. Kaa**taa**looges. *Catálogo*

Ceintuur. Sentur. *Cinturón*

Champagne. Syam**pany**e. *Champán*

Chef. Syef. *Encargado*

Chokolade. Syookoolaade. *Chocolate*

Christen. Kresten. *Cristiano*

Cirkel. Serkel. *Círculo*

Citroen. Siitrun. *Limón*

Communist. Komunest. *Comunista*

Conditie. Kondiitsii. *Condición*

Condukteur. Kon**dek**teur. *Cobrador*

Congress. Konjres. *Congreso*

Consul. Konsel. *Cónsul*

Couchette. Kusiiet. *Litera*

Dag worden. Daj uorden. *Amanecer*

Dagloner. Dajlooner. *Jornalero*

Dak. Dak. *Tejado*

Dalen. Daalen. *Bajar*

Dame. Daame. *Dama*

Damp. Damp. *Vapor*

Dansen. Dansen. *Bailar*

Dans. Dans. *Baile*

Das. Das. *Bufanda*

Degelijk. Deejeleik. *Sólido*

Deksel. Deksel. *Tapa*

Delen. Deelen. *Dividir*

Democratie. Deemookraatsii. *Democracia*

Denken. Denken. *Pensar*

Detaill. Deetaay. *Detalle*

Deur. Deur. *Puerta*

Diamant. Diiaamant. *Diamante*

Diarree. Diiaree. *Diarrea*

Dieet. Diieet. *Régimen*

Dief. Diif. *Ladrón*

Dienen. Diinen. *Servir*

Dienstmeisje. Diinstmeysye. *Criada*

Diep. Diip. *Hondo*

Diep. Diip. *Profundo*

Dierentuin. Diirenteun. *Zoológico*

Dier. Diir. *Animal*

171

Dik Worden. Dek uorden. *Engordar*
Dik. Dik. *Espeso*
Dik. Dik. *Gordo*
Dik. Dek. *Obeso*
Diner. Diinee. *Cena*
Ding. Ding. *Cosa*
Directeur. Diirekteur. *Director*
Direkteur. Diirekteur. *Gerente*
Distributie. Destriibutsii. *Distribución*
Distrikt. Destrekt. *Distrito*
Docter. Dokter. *Doctor*
Document. Dookument. *Documento*
Doden. Dooden. *Matar*
Doen schrikken. Dun sjreken. *Asustar*
Dom. Dom. *Necio*
Dom. Dom. *Tonto*
Dondenstad. Doodenstat. *Necrópolis*
Donker. Donker. *Oscuro*
Dood. Doot. *Muerto*
Doos, kist. Dous, kest. *Caja*
Dorp. Dorp. *Aldea*
Dosis. Doodses. *Dosis*
Douche. Dus. *Ducha*
Draad. Draat. *Hilo*
Drinken. Drenken. *Beber*
Droog. Drooj. *Seco*
Druig. Dreuf. *Uva*
Druppel. Drepel. *Gota*
Dubbel. Debel. *Doble*
Duidelijk. Deudelek. *Evidente*

Duif. Deuf. *Paloma*
Duivel. Deufel. *Diablo*
Duoanebeambte. Duaanebeamte. *Aduanero*
Duwen. Duuen. *Empujar*

Eenvoudig. Eenfaudej. *Sencillo*
Eerder. Eerder. *Antes*
Eerlijk. Eerlek. *Sincero*
Eerlij. Eerlek. *Honrado*
Eer. Eer. *Honor*
Eetkamer. Eetkaamer. *Comedor*
Eeuw. Eeu. *Siglo*
Effect. Efekt. *Efecto*
Eigenaar. Eyjenaar. *Dueño*
Eiland. Eylant. *Isla*
Eind. Eynt. *Fin*
Elastiek. Elastik. *Elástico*
Elektriciteit. Eelektriisiiteyt. *Electricidad*
Emotie. Eemootsii. *Emoción*
Enegie. Eenersii. *Energía*
Engel. Engel. *Angel*
Erfenis. Erfenes. *Herencia*
Ergeren. Erjeren. *Irritar*
Etalage. Eetaalaasye. *Escaparate*
Eten. Eeten. *Comida*
Etiquette. Eetiiket. *Etiqueta*
Examen. Eksaamen. *Examen*
Excursie. Ekskursii. *Excursión*
Excuus. Ekskus. *Escusa*
Expres. Ekspres. *Expreso*
Ezel. Eesel. *Burro*

172

Fabriek. Faabriik. *Fábrica*
Familie. Faamiilii. *Familia*
Feest. Feest. *Fiesta*
Fiche. Fiisye. *Ficha*
Fiets. Fiits. *Bicicleta*
Fijn vinden, mooi vinden, lekker vinden. Feyn fenden. Mooy fenden, leker fenden. *Gustar*
Film. Felm. *Película*
Flauwte. Flaute. *Desmayo*
Flauw vallen. Flaufalen. *Desmayarse*
Fles. Fles. *Botella*
Fles. Fles. *Frasco*
Fluweel. Fluueel. *Terciopelo*
Fontein, bron. Fonteyn, bron. *Fuente*
Formule. Formule. *Fórmula*
Fout. Faut. *Error*
Frisse drank. Frese drank. *Refresco*
Fruit. Freut. *Fruta*
Fuur. Fur. *Lumbre*

Gaan. Jaan. *Ir*
Gala. Jaalaa. *Gala*
Galerij. Jaalerrey. *Galería*
Gang. Jang. *Pasillo*
Garnaal. Jarnaal. *Gamba*
Gas. Jas. *Gas*
Gat. Jat. *Agujero*
Gebakken. Jebaken. *Frito*
Gebed. Jebet. *Oración*
Gebergte. Jeberjte. *Cordillera*
Gebit. Jebet. *Dentadura*

Geboren worden. Jebooren uorden. *Nacer*
Gebouw. Jebau. *Edificio*
Gebraad. Jebraat. *Asado*
Gebroken. Jebrooken. *Roto*
Gebruiken. Jebreuken. *Usar*
Gedicht. Jedejt. *Poesía*
Geduld. Jedelt. *Paciencia*
Geel. Jeel. *Amarillo*
Gegarandeerd. Jejaarandeert. *Garantizado*
Geheel. Jejeel. *Enteramente*
Geheim. Jejeym. *Secreto*
Gehoorzaamheid. Jejoorsaamjeyt. *Obediencia*
Gehuil. Jejeul. *Lloriqueo*
Gek. Jek. *Loco*
Geld. Jelt. *Dinero*
Geleerde. Jeleerde. *Sabio*
Gelegenheid. Jeleejenseyt. *Ocasión*
Gelijk. Jeleyk. *Igual*
Geloven. Jeloofen. *Creer*
Geluid. Jeleut. *Ruido*
Geluid. Jeleut. *Sonido*
Gelukkig. Jelekej. *Afortunadamente*
Gelukkig. Jelekej. *Dichoso*
Geluk. Jeluk. *Suerte*
Gemakkelijk. Jemakelek. *Fácil*
Gemak. Jemak. *Comodidad*
Gemeenschappelijk. Jemeenschapelek. *Común*
Gemengd. Jemengt. *Mezclado*
Geneeskunst. Jeneeskunst. *Terapéutica*

173

Geografie. Jeeoojraafii. *Geografía*

Gesprek. Jesprek. *Conversación*

Getij. Jetey. *Marea*

Getrouwd. Jetraut. *Casado*

Gevaar. Jefaar. *Peligro*

Gevangene. Jefanguene. *Preso*

Gevangenis. Jefangenes. *Cárcel*

Geven. Jeefen. *Dar*

Gevoel. Jeful. *Tacto*

Geweer. Jeueer. *Fusil*

Gewend. Jeuent. *Acostumbrado*

Gewoonte. Jeuoonte. *Costumbre*

Gezicht. Jesejt. *Cara*

Gezondheid. Jesontjeyt. *Salud*

Ggastvrijheid. Jastfreyjeyt. *Hospitalidad*

Gil. Jel. *Grito*

Gisteravond. Jesteraafont. *Anoche*

Glas. Jlas. *Copa*

Glas. Jlas. *Vaso*

Glibberig. Jleberej. *Resbaladizo*

Glimlach. Jlemlaj. *Sonrisa*

Gloeilamp. Jluylamp. *Bombilla*

God. Jot. *Dios*

Goed gemanierd. Jut jemaaniirt. *Educado*

Golfbreker. Jolfbreeker. *Rompeolas*

Golf. Jolf. *Ola*

Golf. Jolf. *Onda*

Gooien. Jooyen. *Echar*

Goudsmid. Jautsmid. *Orfebre*

Graat. Jraat. *Espina*

Graf. Jraf. *Tumba*

Gramofoonplaat. Jraamoofoonplaat. *Disco*

Grap. Jrap. *Broma*

Gras. Jras. *Hierba*

Grens. Jrens. *Frontera*

Grens. Jrens. *Límite*

Griep. Jriip. *Gripe*

Groet. Jrut. *Saludo*

Grof. Jrof. *Grosero*

Grote vreugde. Jroote Freujde. *Júbilo*

Guitaar. Jiitaar. *Guitarra*

Gul. Jul. *Generoso*

Haai. Jaay. *Tiburón*

Haarkruller. Jaarkruler. *Rizador*

Haar. Jaar. *Cabello*

Hagadis. Jaajedes. *Lagarto*

Hamer. Jaamer. *Martillo*

Ham. Jam. *Jamón*

Handdoek. Janduk. *Toalla*

Handtas. Jantas. *Bolso*

Hard. Jart. *Duro*

Hark. Jak. *Tacón*

Hart. Jart. *Corazón*

Haten. Jaaten. *Odiar*

Hebben. Jeben. *Haber*

Hebben. Jeben. *Tener*

Hechtpleister. Jejtpleyster. *Esparadrapo*

Heer. Jeer. *Caballero*

Held. Jelf. *Héroe*
Helpen. Jelpen. *Ayudar*
Hel. Jel. *Infierno*
Hemel. Jeemel. *Cielo*
Hendel. Jendel. *Manivela*
Hen. Jen. *Gallina*
Herhalen. Jerjaalen. *Repetir*
Herinnering. Jerenereng. *Recuerdo*
Hersenen. Jersenen. *Cerebro*
Heuvel. Jeufel. *Loma*
Hijsen. Jeysen. *Izar*
Hoed. Jut. *Sombrero*
Hoek. Juk. *Esquina*
Hoest. Just. *Tos*
Hoeveelheid. Juffeljeyt. *Cantidad*
Homoniem. Joomooniim. *Homónimo*
Hond. Jont. *Perro*
Honger. Jonger. *Hambre*
Honing. Jooneng. *Miel*
Honorarium. Joonooraariiem. *Honorario*
Hoofd. Jooft. *Cabeza*
Hoog, lango. Jooj, lang. *Alto*
Hoop. Joop. *Esperanza*
Horen. Jooren. *Oír*
Horizontaal. Jooriisontaal. *Horizontal*
Hout. Jaut. *Madera*
Huilen. Jeulen. *Llorar*
Huis. Jeus. *Casa*
Huren. Juren. *Alquilar*
Hutkoffer. Jetkofer. *Baúl*
Hut. Jet. *Camarote*
Huurder. Jurder. *Inquilino*

Idee. Iidee. *Idea*
Identificatie. Iidentiifiikaatsii. *Identificación*
Idioot. Iidiioot. *Idiota*
Iets. Iits. *Algo*
Ijsje. Eysye. *Helado*
Ijs. Eys. *Hielo*
Ijzer. Eyser. *Hierro*
Illegaal. Ileejaal. *Ilegal*
Illustratie. Ilestraatsii. *Ilustración*
Imitatie. Imiitaatsii. *Imitación*
Immigratie. Emiijraatsi. *Inmigración*
In beslag nemen. En beslaj neemen. *Incautar*
Inbegrepen. Enbejreepen. *Incluido*
Indigestie. Endiijestii. *Indigestión*
Individu. Endiifiidu. *Individuo*
Inenten. Enenten. *Vacunar*
Inenting. Enenteng. *Vacuna*
Inhouden. Enjauden. *Contener*
Injektie. Enyeksii. *Inyección*
Inkt. Enkt. *Tinta*
Inpakken. Enpaken. *Envolver*
Inschepen. Ensjeepen. *Embarcarse*
Insekt. Enssekt. *Insecto*
Inteligent. Enteliijent. *Inteligente*
Intellectueel. Entelektueel. *Intelectual*
Intens. Entens. *Intenso*

175

Interview. Enterfiiu. *Entrevista*

Invaliditeit. Enfaaliidiiteyt. *Invalidez*

Inventaris. Enfentaares. *Inventario*

Invetten. Enfeten. *Engrasar*

Inwoner. Inuooner. *Habitante*

Iris. Iires. *Iris*

Ironie. Iiroonii. *Ironia*

Jacht. Yajt. *Caza*

Jacht. Yajt. *Yate*

Jaloezie. Yaalusii. *Persiana*

Jasj. Yasye. *Chaqueta*

Jenever. Yeneefer. *Ginebra*

Jeugdig. Yeujdej. *Juvenil*

Jodium. Yoodiiem. *Yodo*

Jongen. Yongen. *Muchacho*

Jong. Young. *Joven*

Juist. Yeust. *Justo*

Jurk. Yerk. *Traje (mujer)*

Jurk. Yerk. *Vestido*

Justitie. Yestiitsii. *Justicia*

Juweel. Yuuuel. *Joya*

Juwelen. Yuueelen. *Pedreria*

Kaartspel. Kaartspel. *Baraja*

Kaart. Kaart. *Naipe*

Kabel. Kaabel. *Cable*

Kabouter. Kaabauter. *Duende*

Kade. Kaade. *Muelle (puerto)*

Kakkerlak. Kakerlak. *Cucaracha*

Kalender. Kaalender. *Calendario*

Kamer. Kaamer. *Habitación*

Kamperen. Kampeeren. *Acampar*

Kam. Kam. *Peine*

Kanaal. Kaanaal. *Canal*

Kantelen. Kantelen. *Volcar*

Kant. Kant. *Encaje*

Kapot, van streek. Kaapot, fant streek. *Descompuesto*

Kasteel. Kasteel. *Castillo*

Kast. Kast. *Armario*

Katholiek. Kaatooliik. *Católico*

Katoen. Kaatun. *Algodón*

Kat. Kat. *Gato*

Kauwgom. Kaujom. *Chicle*

Keel. Keel. *Garganta*

Keizer. Keyser. *Emperador*

Kelder. Kelder. *Bodega*

Kennen. Kenen. *Conocer*

Kerk. Kerk. *Iglesia*

Kertsmis. Kerstmes. *Navidad*

Keuze. Keuse. *Elección*

Kies. Kiis. *Muela*

Kiezelstenen. Kiiselsteenen. *Guijarros*

Kiezen. Kiisen. *Elegir*

Kijken. Keyken. *Mirar*

Kikker. Keker. *Rana*

Kilocycle. Kiiloosiikle. *Kilociclo*

Kilowatt. Kiloouat. *Kilovatio*

Kilo. Kiiloo. *Kilo*

Kiosk. Kiiosk. *Kiosco*

Kip. Kep. *Pollo*

Klap. Klap. *Golpe*

Klauw. Klau. *Zarpa*
Kleding. Kleeding. *Ropa*
Kleerhanger. Kleerjaunguer. *Percha*
Kleermaker. Kleermaaker. *Sastre*
Klein kind. Kleyn kent. *Nene*
Klep. Klep. *Válvula*
Kleurloos. Kleurloos. *Incoloro*
Klip. Klip. *Escollo*
Knalpot. Canalpot. *Amortiguador*
Knap. Knap. *Guapo*
Knie. Knie. *Rodilla*
Knoflook. Knoflook. *Ajo*
Knoopsgat. Knoopsjat. *Ojal*
Knoop. Knoop. *Botón*
Koekje. Kukkie. *Galleta*
Koelkast. Kulkast. *Nevera*
Koe. Ku. *Vaca*
Koffertje. Kofertye. *Maletín*
Koffer. Kofer. *Maleta*
Koffietafel. Kofiitaafel. *Merienda*
Koken. Kooken. *Guisar*
Koken. Kooken. *Hervir*
Komiek. Koomiik. *Cómico*
Kompas. Kompas. *Brújula*
Konijn. Kooneyn. *Conejo*
Koningin. Koonengen. *Reina*
Koning. Kooning. *Rey*
Kontroleur. Kontrooleur. *Revisor*
Koopman. Koopman. *Comerciante*
Koorts. Koorts. *Fiebre*

Kopen. Koopen. *Comprar*
Kopie. Koopii. *Copia*
Korting. Korteng. *Descuento*
Korting. Korting. *Rebaja*
Kostbaar. Kostbaar. *Precioso*
Kosten. Kosten. *Gastos*
Kostuum. Kostum. *Traje (hombre)*
Koud. Kaud. *Frío*
Kouseband. Kausebant. *Liga*
Kpel. Kaapel. *Capilla*
Kraan. Kraan. *Grifo*
Krabbel. Krabel. *Rasguño*
Krab. Krap. *Cangrejo*
Kracht. Krajt. *Fuerza*
Krant. Krant. *Diario (periódico)*
Kroeg, taveerne. Kruj, taafeerne. *Taberna*
Kruis. Kreus. *Cruz*
Kunstmating. Kenstmaatej. *Artificial*
Kunts. Kenst. *Arte*
Kurk. Kerk. *Corcho*
Kussen. Kesen. *Almohada*
Kust. Kest. *Costa*
Kus. Kes. *Beso*
Kwaad. Kuaat. *Enojado*
Kwaliteit. Kuaaliiteyt. *Calidad*
Kwitantie. Kuiitansii. *Recibo*

Labyrint. Laabiirent. *Laberinto*
Lachen. Lajen. *Reír*
Lach. Laj. *Risa*
Lade. Laade. *Cajón*

Laken. Laaken. *Sábana*
Lak. Lak. *Lacre*
Lamp. Lamp. *Lámpara*
Landelijk. Landelek. *Rural*
Landen. Landen. *Aterrizar*
Land. Lant. *Tierra*
Langzaam. Langsaam. *Despacio*
Langzaam. Langsaam. *Lento*
Lang wegblijven. Lang uejbleyfen. *Tardar*
Lantaarm. Lantaarn. *Linterna*
Lastig vallen. Lastej falen. *Molestar*
Laten. Laaten. *Dejar*
Latijn. Laateyn. *Latino*
Lawaaierig. Laauaayerej. *Ruidoso*
Laxeermiddel. Lakseermedel. *Laxante*
Leeftijd. Leefteyt. *Edad*
Leeg. Leej. *Vacío*
Leerling. Leerleng. *Alumno*
Leer. Leer. *Cuero*
Leeuw. Leeu. *León*
Legende. Lejende. *Leyenda*
Leger. Leejer. *Ejército*
Leiden. Leyden. *Dirigir*
Leiding. Leyding. *Tubería*
Leraar. Leeraar. *Profesor*
Leren. Leeren. *Aprender.*
Les. Les. *Lección*
Leugen. Leujen. *Mentira*
Leven. Leefen. *Vivir*
Lezen. Leesen. *Leer*
Lezing. Leeseng. *Conferencia*

Licht. Lejt. *Ligero*
Licht. Lejt. *Luz*
Lid. Lid. *Miembro*
Lied. Liit. *Canción*
Liefde. Liifde. *Amor*
Lief. Lif. *Afectuoso*
Lift. Lejt. *Ascensor*
Liggen. Lejen. *Yacer*
Lijken. Leyken. *Parecer*
Lijst. Leyst. *Lista*
Likeur. Liikeur. *Licor*
Limonade. Liimoonaade. *Limonada*
Linkshanding. Lenksjandej. *Zurdo*
Linnen. Lenen. *Lino*
Lip. Lep. *Labio*
Lokomotief. Lookoomootiif. *Locomotora*
Longontsteking. Longontsteeking. *Neumonía*
Long. Long. *Pulmón*
Lood. Loot. *Plomo*
Lopen. Loopen. *Andar*
Losmaken. Losmaaken. *Desprender*
Los. Los. *Flojo*
Lucht. Lejt. *Aire*
Lucifer. Lusiifer. *Cerilla*
Luisteren. Leusteren. *Escuchar*
Lui. Leu. *Perezoso*
Lunchen. Lensyen. *Almorzar*

Maan. Maan. *Luna*
Maatschappij, gezelschap. Matsjapey, jeselchap. *Compañía*

178

Maat. Maat. *Medida*
Mager. Maajer. *Delgado*
Magneet. Majneet. *Imán*
Mais. Maays. *Maíz*
Maken. Maaken. *Hacer*
Man. Man. *Hombre*
Markies. Markiis. *Marqués*
Markt. Markt. *Mercado*
Marmer. Marmer. *Mármol*
Materiaal. Maateeriiaal. *Material*
Matras. Maatras. *Colchón*
Mausoleum. Mausooleeem. *Mausoleo*
Medeklinker. Meedeklenker. *Consonante*
Medicijn. Meediiseyn. *Medicina*
Meebrengen. Meebrengen. *Traer*
Meerderheid. Meerderjeyt. *Mayoría*
Meer. Meer. *Lago*
Meester. Meester. *Maestro*
Meisje. Meysye. *Muchacha*
Melkweg. Melkuej. *Galaxia*
Melk. Melk. *Leche*
Menselijk. Menselek. *Humano*
Mensen. Mensen. *Gente*
Merk. Merk. *Marca*
Merrie. Merii. *Yegua*
Mes. Mes. *Cuchillo*
Met mij. Met mey. *Conmigo*
Metaaldraad. Meetaaldraat. *Alambre*
Metaal. Meetaal. *Metal*

Metworst. Metuorst. *Salchicha*
Meubel. Meubel. *Mueble*
Middagslaapje. Medajslaapye. *Siesta*
Misselijkheid. Meselekjeyt. *Náusea*
Mist. Mest. *Niebla*
Mis. Mes. *Misa*
Modder. Moder. *Fango*
Mode. Moode. *Moda*
Moedig. Mudej. *Valiente*
Moeilijk. Muylek. *Difícil*
Moeten. Muten. *Deber*
Molekuul. Moolekul. *Molécula*
Monument. Moonument. *Monumento*
Mooi. Mooy. *Lindo*
Moordenaar. Moordenaar. *Homicida*
Moskee. Moskee. *Mezquita*
Mosterd. Mostert. *Mostaza*
Mouw. Mau. *Manga*
Mozaik. Moosaaiik. *Mosaico*
Muis. Meus. *Ratón*
Musikus, muzikant. Musiikes, Musiikant. *Músico*
Muur. Mur. *Pared*

Naaien. Naayen. *Coser*
Naaister. Naayster. *Modista*
Naakt. Naakt. *Desnudo*
Naald. Naalt. *Aguja*
Naar bed gaan. Naar bet jaan. *Acostarse*

179

Nacht worden. Najt uorden.
Anochecer
Natuur. Naatur. *Naturaleza*
Nat. Nat. *Mojado*
Nauw. Nau. *Estrecho*
Neef. Neef. *Sobrino*
Net. Net. *Red*
Nécessaire. Neeseser. *Nece-
ser*
Nicht. Nejt. *Sobrina*
Niemand. Niimant. *Nadie*
Nierontsteking. Niirontstee-
king. *Nefritis*
Nietje. Niitye. *Grapa*
Niets. Niits. *Nada*
Nieuws. Niius. *Novedad*
Nodig hebben. Noodej jeben.
Necesitar
Nooit. Nooyt. *Nunca*
Noord. Noort. *Norte*
Noteboom. Nooteboom. *No-
gal*
Numismatiek. Numesmaatiik.
Numismática
Nutteloos. Neteloos. *Inútil*
Nutting. Netej. *Util*
Nu. Nu. *Ahora*

Oase. Ooaase. *Oasis*
Oceaan. Ooseeaan. *Océano*
Oefening. Ufeneng. *Ejercicio*
Oester. Uster. *Ostra*
Olie. Oolii. *Aceite*
Olifant. Ooliifant. *Elefante*
Olijf. Ooleyf. *Aceituna*
Omroeper. Omruper. *Locu-
tor*

Omschrijven. Omsjreyfen.
Describir
Onaangenaam. Onaanjenaam.
Desagradable
Onafhankelijkheid. Onafjan-
kelekheyt. *Independencia*
Onbezet. Onbeset. *Desocu-
pado*
Onderbroek. Onderbruk. *Bra-
gas*
Onderdaan. Onderdaan. *Súb-
dito*
Onderdak. Onderdak. *Aloja-
miento*
Onderdak. Onderdak. *Hos-
pedaje*
Onderdompelen. Onderdom-
pelen. *Sumergir*
Ondergronds. Onderjronts.
Subterráneo
Onderrok. Onderrok. *Ena-
guas*
Onderwijzen. Onderueysen.
Enseñar
Onderzoeken. Ondersuken.
Inspeccionar
Onderzoeken. Ondersuken.
Investigar
Ongelijk. Onjeleyk. *Desigual*
Ongelukkig. Onjelekej. *Desa-
fortunado*
Ongeluk. Onjelek. *Desgracia*
Ongemakkelijk. Onjemakelek.
Incómodo
Ongeveer. Onjefeer. *Aproxi-
madamente*
Onrechtvaardig. Onrejtfaardej.
Injusto

Onschuldig. Onsjeldej. *Inocente*

Ontkleden. Ontkleeden. *Desvertirse*

Ontmoeting. Ontmuteng. *Encuentro*

Ontslaan. Ontslaan. *Despedir*

Ontstemmen. Ontstemen. *Disgustar*

Ontvangen. Ontfangen. *Recibir*

Ontwikkelen. Ontuekelen. *Desarrollar*

Ontwikkelen. Euteukelen. *Revelar*

Onvolledig. Onfoleedej. *Incompleto*

Onzin. Onsen. *Disparate*

Oog. Ooj. *Ojo*

Oorbellen. Oorbelen. *Pendientes*

Oordeel. Oordeel. *Juicio*

Oor. Oor. *Oreja*

Openen. Oopenen. *Abrir*

Open. Oopen. *Abierto*

Operatief. Ooperaatiif. *Quirúrgico*

Operatiezaal. Ooperaatsiisaal. *Quirófano*

Opgewekt. Opjeuekt. *Alegre*

Opschrift. Opsjreft. *Letrero*

Opstaan. Opstaan. *Levantarse*

Opstijgen. Opsteyjen. *Despegar*

Optellen. Optelen. *Sumar*

Opticien. Optiisiien. *Optico*

Opvoeding. Opfudeng. *Educación*

Opvoering. Opfureng. *Función*

Orchidee. Orjiidee. *Orquidea*

Orgel, orgaan. Orjel, orjaan. *Organo*

Orkaan. Orkaan. *Huracán*

Oud, antiek. Aut, antiik. *Antiguo*

Oven. Oofen. *Horno*

Overdragen. Ooferdraajen. *Transferir*

Overjas. Ooferyas. *Abrigo*

Overjas. Ooferyas. *Gabán*

Oversteken. Oofersteeken. *Cruzar*

Overstroming. Ooferstroomeng. *Inundación*

Overwegen. Ooferueejen. *Considerar*

Paard. Paart. *Caballo*

Paarlemoerkleurig. Paarlemurkleurej. *Nacarado*

Paarlemoer. Paarlemur. *Nácar*

Paar. Paar. *Pareja*

Paddestoel. Padestul. *Hongo*

Paddestoel. Padestul. *Seta*

Pagina. Paajiinaa. *Página*

Pakket. Paket. *Paquete*

Paleis. Paaleys. *Palacio*

Palm. Palm. *Palmera*

Pantalon. Pantaalon. *Pantalón*

Pantoffel. Pantofel. *Zapatilla*

181

Pan. Pan. *Sartén*
Papier. Paapiir. *Papel*
Parallel. Paaralel. *Paralelo*
Paraplu. Paaraaplu. *Paraguas*
Parel. Paarel. *Perla*
Paspoort. Paspoort. *Pasaporte*
Passage. Pasaage. *Pasaje*
Passen proberen. Pasen, proobeeren. *Probar*
Pastoor. Pastoor. *Cura*
Patiënt. Paasiient. *Paciente*
Patrouille. Paatruye. *Patrulla*
Pauze. Pause. *Entreacto*
Paviljoen. Paafelyun. *Pabellón*
Pech. Pej. *Avería*
Pelgrim. Peljrem. *Peregrino*
Pensionen. Pensiiun. *Pensión*
Peper. Peeper. *Pimienta*
Peterselie. Peeterseelii. *Perejil*
Petroleum. Peetrooleeem. *Petróleo*
Pet. Pet. *Gorra*
Pijn. Peyn. *Dolor*
Piloot. Piiloot. *Piloto*
Pil. Pel. *Píldora*
Pinda. Pendaa. *Cacahuete*
Pistool. Piistool. *Pistola*
Plaatsaanwijzer. Plaatsaanueyser. *Acomodador*
Plaats. Plaats. *Lugar*
Plak vlees. Plak flees. *Filete*
Plein. Pleyn. *Plaza*
Ploeg. Pluj. *Equipo*
Poeder. Poder. *Polvo*

Politieagent. Pooliitsiiaajent. *Guardia*
Politiebureau. Pooliitsiiburoo. *Comisaría*
Pommade. Pomaade. *Pomada*
Pop. Pop. *Muñeca*
Porselein. Porseleyn. *Porcelana*
Portier. Portiir. *Portero*
Portret. Portret. *Retrato*
Postbode. Postboode. *Cartero*
Postzegel. Postseejel. *Sello*
Potlood. Potloot. *Lápiz*
Prachtig. Prajtej. *Magnífico*
Precies. Presiis. *Exacto*
Priester. Priister. *Sacerdote*
Prijs. Preys. *Premio*
Proeven. Prufen. *Probar (comidas)*
Provincie. Proofensii. *Provincia*
Puur. Pur. *Puro*
Pyjama. Piiaamaa. *Pijama*

Raad. Raat. *Consejo*
Raam. Raam. *Ventana*
Radijsjes. Raadeysyes. *Rábanos*
Radioaktiviteit. Raadiiooaktiifiiteyt. *Radiactividad*
Rangorde. Rangorde. *Jerarquía*
Ras. Ras. *Raza*
Rat. Rat. *Rata*
Razermij. Raaserney. *Rabia*

Recept. Resept. *Receta*
Rechtbank. Rejtbank. *Tribunal*
Rechten. Rejten. *Derechos*
Rechter. Rej**ter.** *Juez*
Reddingsboei. Re**dingsbuy.** *Salvavidas*
Rede. Reede. *Razón*
Regenen. Ree**jenen.** *Llover*
Regenjas. Ree**jenyas.** *Gabardina*
Regenjas. Rejenyas. *Impermeable*
Regering. Re**jeereng.** *Gobierno*
Register. Re**jester.** *Matrícula*
Reglement. Ree**jlement.** *Reglamento*
Rembours,   terugbetaling. Remburs, terej**betaaleng.** *Rembolso*
Rem. Rem. *Freno*
Reservoir. Reser**fuaar.** *Depósito*
Resident. Reesi**ident.** *Residente*
Rib. Rep. *Costilla*
Rijk, lekker. Reyk, leker. *Rico*
Ring. Reng. *Anillo*
Ring. Ring. *Sortija*
Rivier. Riifiir. *Río*
Robijn. Roo**beyn.** *Rubí*
Rode Kruis. Rode Kreus. *Cruz Roja*
Roepen. Ru**pen.** *Llamar*
Roest. Rust. *Oxido*
Roller. Ro**ler.** *Rulo*

Roman. Rooma. *Novela*
Rondom. Rond**om.** *Alrededor*
Rond. Ront. *Redondo*
Rook. Rook. *Humo*
Rots. Rots. *Roca*
Route. Ru**te.** *Ruta*
Rubber. Reber. *Caucho*
Rugzak. Rejsak. *Mochila*
Ruiken. Reu**ken.** *Oler*
Ruimte. Reum**te.** *Espacio*
Ruine. Ruiine. *Ruina*
Rusland. Reslant. *Rusia*
Rustig. Re**stig.** *Tranquilo*
Rus. Rus. *Ruso*
Ruw. Ruu. *Aspero*

Saffier. Safiir. *Zafiro*
Sap. Sap. *Jugo*
Saus. Saus. *Salsa*
Schaap. Sjaap. *Oveja*
Schaars. Sjaars. *Escaso*
Schaar. Sjaar. *Tijeras*
Schadeloosstelling. Sjaa**de-loossteleg.** *Indemnización*
Schaduw. Sjaa**duu.** *Sombra*
Schakelaar. Sjaa**kelaar.** *Interruptor*
Scheiding. Sjey**deng.** *Divorcio*
Scheidsrechter. Sjeyts**rejter.** *Arbitro*
Scheren. Sjee**ren.** *Afeitar*
Schilderij. Sjelde**rey.** *Cuadro*
School. Sjool. *Colegio*
School. Sjool. *Escuela*
Schoonheid. Sjoon**jeyt.** *Belleza*

183

Schoonmaken. Sjoonmaken. *Limpiar*

Schoonmoeder. Sjoonmuder. *Suegra*

Schot. Sjot. *Disparo*

Schot. Sjot. *Escocés*

Schouder. Sjauder. *Hombro*

Schrift. Sjreft. *Cuaderno*

Schrijven. Sjreyfen. *Escribir*

Schroef. Sjurf. *Tornillo*

Schuin. Sjeun. *Oblicuo*

Schuld. Sjult. *Culpa*

Schuld. Sjult. *Deuda*

Servet. Serfet. *Servilleta*

Shadg. Sjaade. *Daño*

Shampoo. Syampoo. *Champú*

Sherp. Sjerp. *Agudo*

Sherry. Syerii. *Jerez*

Show. Syouu. *Espectáculo*

Slaapkamer. Slaapkaamer. *Alcoba*

Slaapkamer. Slaapkaamer. *Dormitirio*

Slaa. Slaa. *Lechuga*

Slak. Slak. *Caracol*

Slang. Slang. *Culebra*

Slapen. Slaapen. *Dormir*

Slecht. Slejt. *Mal*

Slepen. Sleepen. *Remolcar*

Sleutel. Sleutel. *Llave*

Slot. Slot. *Cerradura*

Smaak. Smaak. *Sabor*

Smaragd. Smaarajt. *Esmeralda*

Sneeuwen. Sneeuen. *Nevar*

Sneeuw. Sneeu. *Nieve*

Snelheid. Sneljeyt. *Velocidad*

Snel. Snel. *Rápidamente*

Snijden. Sneyden. *Cortar*

Snoepje. Snupye. *Caramelo*

Snor. Snor. *Bigote*

Soep. Sup. *Sopa*

Soldaat. Soldaat. *Soldado*

Soortgelijk. Soortjeleyk. *Semejante*

Speciaal. Speessiall. *Especial*

Specialiteit. Speesiiaaliiteyt. *Especialidad*

Speld. Spelt. *Alfiler*

Spelen. Speelen. *Jugar*

Spel. Spel. *Juego*

Spier. Spiir. *Músculo*

Spin. Spen. *Araña*

Spliegel. Spiijjel. *Espejo*

Spreken. Spreeken. *Hablar*

Springe. Sprengen. *Saltar*

Sprinkhaan. Sprenkjaan. *Langosta*

Staart. Staart. *Cola*

Stadswijk. Statsueyk. *Urbanización*

Staking. Staaking. *Huelga*

Steenkool. Steenkool. *Carbón*

Steenkool. Steenkoul. *Hulla*

Steen. Steen. *Piedra*

Stem. Stem. *Voz*

Sterk. Sterk. *Fuerte*

Sterrenwacht. Sterenuajt. *Observatorio*

Sterven. Sterfen. *Morir*

Ster. Ster. *Estrella*

Stier. Stiir. *Toro*

Stijfsel. Steyfsel. *Almidón*

Stijf. Steyf. *Tieso*

184

Stijgbeugel. Steyjbeujel. *Estribo*

Stilhouden. Steljauden. *Detenerse*

Stilte. Stelte. *Silencio*

Stoel. Stul. *Silla*

Stof. Stof. *Polvo (suciedad)*

Stof. Stof. *Tela*

Stok. Stok. *Palo*

Stoppen. Stopen. *Parar*

Storing. Stooring. *Molestia*

Storm. Storm. *Borrasca*

Storm. Storm. *Tempestad*

Straal. Straal. *Rayo*

Straffen. Strafen. *Castigar*

Strand. Strant. *Playa*

Streek. Streek. *Región*

Streng. Streng. *Madeja*

Strijkijzer. Streykyser. *Plancha (de ropa)*

Stropdas. Stropdas. *Corbata*

Stro. Stroo. *Paja*

Student. Student. *Estudiante*

Student. Student. *Universitario*

Studeren. Studeeren. *Estudiar*

Sturen. Sturen. *Guiar*

Stuurwiel. Sturuiil. *Volante*

Success. Sucses. *Exito*

Sumpathie. Sempaatii. *Simpatía*

Taal. Tall. *Idioma*

Taart. Taart. *Tarta*

Tabak. Taabak. *Tabaco*

Tablet. Taablet. *Pastilla*

Tafelkleed. Taafelkleet. *Mantel*

Tand. Tant. *Diente*

Te veel. Te feel. *Demasiado*

Teen. Teim. *Dedo del pie*

Tegenover. Teejenoofer. *Opuesto*

Tekenen. Teekenen. *Dibujar*

Tekenen. Teekenen. *Firmar*

Teken. Teeken. *Señal*

Telegram. Teelejram. *Telegrama*

Teleurstelling. Teleursteleng. *Desengaño*

Tentoonstelling. Tentounstelling. *Exposición*

Terugkeer. Terejkeer. *Vuelta*

Terugkeren. Terejkeeren. *Volver*

Terugkrijgen. Terejkreyjen. *Recobrar*

Tevreden. Tefreeden. *Contento*

Theepot. Teepost. *Tetera*

Thermometer. Termoomeeter. *Termómetro*

Tijdschrift. Teytsjreft. *Revista*

Tijd, weer. Teyt, ueer. *Tiempo*

Toast. Toost. *Tostada*

Toebehoren. Tubejooren. *Pertenecer*

Toekomst. Tukomst. *Futuro*

Toestaan. Tustaan. *Permitir*

Toeter. Tuter. *Bocina*

Tol. Tol. *Peaje*

185

Toneel. Tooneel. *Escenario*

Tong. Tong. *Lengua*

Toonbank. Toonbank. *Mostrador*

Toorn. Toorn. *Ira*

Topograaf. Toopoojraaf. *Topógrafo*

Top. Top. *Clima*

Touw. Tau. *Cuerda*

Transfusie. Transfusii. *Transfusión*

Trapezium. Trapeesiiem. *Trapecio*

Trap. Trap. *Escalera*

Treurig. Treurej. *Triste*

Trolleybus. Troliibus. *Trolebús*

Tropisch. Troopiis. *Tropical*

Trots. Trots. *Orgulloso*

Trottoir. Trotuar. *Acera*

Tuig. Teuj. *Montura*

Tuin. Teun. *Jardín*

Tunnel. Tuneel. *Túnel*

Turk. Terk. *Turco*

Type. Tiipe. *Tipo*

Typiste. Tiipeste. *Mecanógrafa*

Uil. Eul. *Búho*

Uitgaan. Eutjaan. *Salir*

Uitgeven. Eutjeefen. *Gastar*

Uithalen. Eutjaalen. *Sacar*

Uitkiezen. Eutkiisen. *Escoger*

Uitlaat. Eutlaat. *Escape*

Uitleggen. Eutlejen. *Explicar*

Uitpakken. Eutpaken. *Desempaquetar*

Uitrusten. Eutresten. *Descansar*

Uitstekend. Eutsteekent. *Excelente*

Uitstellen. Eutstelen. *Aplazar*

Uitvoeren. Eutfuren. *Exportar*

Ui. Eu. *Cebolla*

Uur. Ur. *Hora.*

Vaak. Faak. *Frecuentemente*

Vakantie. Faakantsii. *Vacaciones*

Valen. Falen. *Caer*

Vals. Fals. *Falso*

Varken. Farken. *Cerdo*

Vast. Fast. *Fijo*

Veer. Feer. *Muelle (resorte)*

Veer. Feer. *Pluma*

Vee. Fee. *Ganado*

Vegen. Feejen. *Barrer*

Veiligheidsspel. Feylejeytspelt. *Imperdible*

Veldslag. Feltslaj. *Batalla*

Ventilator. Fentiilaator. *Ventilador*

Verantwoording. Ferantuoording. *Responsabilidad*

Verbandtrommel. Ferbantrommel. *Botiquín*

Verband. Ferbant. *Vendaje*

Verbeelding. Ferbeeldeng. *Imaginación*

Verbinding. Ferbendeng. *Empalme*

Verblijven. Ferbleyfen. *Permanecer*

Verboden. Ferbooden. *Prohibido*

Verbranden. Ferbranden. *Quemar*

Verdieping flat. Ferdiipeng, flet. *Piso*

Verdrinken. Ferdrenken. *Ahogarse*

Verf. Ferf. *Pintura*

Vergelijking. Ferjeleykeng. *Comparación*

Vergeten. Ferjeeten. *Olvidar*

Vergeven. Ferjeefen. *Dispensar*

Vergif. Ferjef. *Veneno*

Vergissen. Ferjesen. *Equivocar*

Vergunning. Ferjeneng. *Licencia*

Verhitten. Ferjeten. *Calentar*

Verjaardag. Feryaardaj. *Cumpleaños*

Verkeerd. Ferkeert. *Equivocado*

Verklaren. Ferklaaren. *Declarar*

Verkopen. Ferkoopen. *Vender*

Verkoper. Ferkooper. *Vendedor*

Verkouden. Ferkauden. *Constipado*

Verkouden. Ferkauden. *Resfriado*

Verkoudheis. Ferkautjeyt. *Catarro*

Verkrijgen. Ferkreyjen. *Conseguir*

Verkrijgen. Ferkreyjen. *Obtener*

Verlegen. Ferleejen. *Tímido*

Verleiding. Ferleyding. *Seducción*

Verloren, verdwaald. Ferlooren, ferduaalt. *Perdido*

Vermaak. Fermaak. *Diversión*

Vermijden. Fermeyden. *Evitar*

Vermoorden. Fermoorden. *Asesinar*

Verontschuldiging. Ferontsjuldigeng. *Disculpa*

Verpakking. Ferpakeng. *Embalaje*

Verpleegster. Ferpleejster. *Enfermera*

Verschillend. Fersjelent. *Distinto*

Verschil. Fersjel. *Diferencia*

Verslaggever. Ferslajeefer. *Reportero*

Versleten. Fersleeten. *Usado*

Verstopping. Ferstoping. *Estreñimiento*

Verstrooid. Ferstrooyt. *Distraído*

Vertalen. Fertaalen. *Traducir*

Vertegenwoordiger. Ferteeejenuoordejer. *Representante*

Vertellen. Fertelen. *Contar*

Vertolken. Fertolken. *Interpretar*

187

Vertrekken. Fertreken. *Marchar*

Verven. Ferfen. *Teñir*

Vervolgen. Ferfoljen. *Continuar*

Verward. Feruart. *Confuso*

Verwijderen. Ferueyderen. *Quitar*

Verzekeren. Ferseekeren. *Asegurar*

Ver. Fer. *Lejos*

Vest. Fest. *Chaleco*

Vijand. Feyant. *Enemigo*

Vijg. Feyj. *Higo*

Vinden. Fenden. *Encontrar*

Vinger. Fenger. *Dedo de la mano*

Visa. Fiisaa. *Visado*

Vislijn. Fesleyn. *Sedal*

Vlakte. Flakte. *Llanura*

Vlak. Flak. *Liso*

Vlam. Flam. *Llama*

Vlekkenmiddel. Flekenmedel. *Quitamanchas*

Vlek. Flek. *Mancha*

Vliegen. Fliijen. *Volar*

Vlieg. Fliij. *Mosca*

Vloerkleed. Flurkleet. *Alfrombra*

Vlucht. Flujt. *Huida*

Vlucht. Flejt. *Vuelo*

Vochtig. Fojtej. *Húmedo*

Voedsel. Futsel. *Alimento*

Voetganger. Futjanguer. *Peatón*

Vogel. Foojel. *Pájaro*

Volgend, aanstaand. Foljent, aanstaant. *Próximo*

Volgen. Foljen. *Seguir*

Volstrekt. Folsstekt. *Absoluto*

Voltage. Foltaasye. *Voltaje*

Voorbeeld. Foorbeelt. *Ejemplo*

Voordeel. Foordeel. *Beneficio*

Vooruitgaan. Fooreutjaan. *Avanzar*

Voorval. Foorfal. *Incidente*

Voorwerp. Fooruerp. *Objeto*

Vorig. Foorej. *Anterior*

Vorm. From. *Forma*

Vos. Fos. *Zorro*

Vrachtwagen. Frajtuaajen. *Camión*

Vracht. Frajt. *Carga*

Vrede. Freede. *Paz*

Vreemdeling. Freemdeleng. *Forastero*

Vreemd. Freemt. *Extraño*

Vriendelijk. Friindelek. *Amable*

Vriend. Friint. *Amigo*

Vrijgezel. Freyjesel. *Soltero*

Vrijheid. Freyjeyt. *Libertad*

Vrij. Frey. *Libre*

Vroeg opstaan. Fruj opstaan. *Madrugar*

Vroeg. Fruj. *Temprano*

Vrouw. Frau. *Mujer*

Vuilnis. Feulnes. *Basura*

Vuil. Feul. *Sucio*

Vullen. Felen. *Llenar*

Vuurtoren. Furtooren. *Faro*

Vuur. Fur. *Fuego*

Waaier. Uaayer. *Abanico*
Waarderen. Uaardeeren. *Apreciar*
Waardevol. Uaardefol. *Valioso*
Waarheid. Uaarjeyt. *Verdad*
Wachten. Uajten. *Esperar*
Wachtkamer. Uajtkaamer. *Sala de espera*
Wakker. Uaker. *Despierto*
Walnoot. Ualnoot. *Nuez*
Walvis. Ualfes. *Ballena*
Wand. Uant. *Tabique*
Warmte. Uarmte. *Calor*
Warm. Uarm. *Caliente*
Wassen. Uasen. *Lavar*
Wasserij. Uaserey. *Lavandería*
Wastafel. Uastaafel. *Lavabo*
Water. Uaater. *Agua*
Weduwe. Ueeduue. *Viuda*
Weegschaal. Ueejsjaal. *Balanza*
Week. Ueek. *Semana*
Weelderig. Ueelderej. *Lujoso*
Weg. Uej. *Camino*
Weide. Ueyde. *Prado*
Weigeren. Ueyjeren. *Negar*
Weigeren. Ueyjeren. *Rehusar*
Weinig. Ueynej. *Poco*
Wekker. Ueker. *Despertador*
Wensen. Uensen. *Desear*
Wens. Uens. *Deseo*
Wereld. Ueerelt. *Mundo*
Werkelijk. Uerkelek. *Verdaderamente*
Werken. Uerken. *Trabajar*

Werk. Uerk. *Labor*
Westen. Uesten. *Oeste*
Wetenschapsman. Ueetensjapsman. *Científico*
Wetenschap. Ueetensjap. *Ciencia*
Weten, Kennen. Ueeten, kenen. *Saber*
Wet. Uet. *Ley*
Wiel. Uiil. *Rueda*
Wijfje. Ueyfye. *Hembra*
Wijk. Ueyk. *Barrio*
Wild(e). Uelt, uelde. *Salvaje*
Willen, Houden van. Uelen, jauden fan. *Querer*
Winkel. Uenkel. *Tienda*
Wisselen. Ueselen. *Cambiar*
Wissel. Uesel. *Cambio*
Woestijn. Usteyn. *Desierto*
Wolf. Uolf. *Lobo*
Wolkenkrabber. Uolkenkraber. *Rascacielos*
Wolk. Uold. *Nube*
Wol. Uol. *Lana*
Wond. Uont. *Herida*
Wond. Uont. *Llaga*
Woonplaats. Uoonplaats. *Domicilio*
Woordenboek. Uoordenbuk. *Diccionario*
Woord. Uoort. *Palabra*
Worteltjes. Uortelches. *Zanahorias*
Woud. Uaut. *Selva*

X-Stralen. Eksstraalen. *Rayos X*

189

Zaag, Bergketen. Saaj, berjkeeten. *Sierra*
Zakdoek. Zakduk. *Pañuelo*
Zaken. Saaken. *Negocios*
Zak. Zak. *Bolsillo*
Zand. Sant. *Arena*
Zeep. Seep. *Jabón*
Zee. See. *Mar*
Zeggen. Sejen. *Decir*
Zeker. Seeker. *Cierto*
Zelfmoord. Selfmoort. *Suicidio*
Zendeling. Sendeling. *Misionero*
Zenden. Senden. *Enviar*
Zenuw. Seenuu. *Nervio*
Zich bade. Sejbaaden. *Bañarse*
Zich vermaken. Sej fermaaken. *Divertirse*
Ziekenhuis. Siikenjeus. *Hospital*
Zieke. Siike. *Enfermo*

Ziekte. Siikte. *Enfermedad*
Zien. Siin. *Ver*
Zijde. Seyde. *Seda*
Zijn. Seyn. *Ser*
Zilver. Selfer. *Plata*
Zingen. Sengen. *Cantar*
Zitplaats. Setplaats. *Asiento*
Zoeken. Suken. *Buscar*
Zoet. Sut. *Dulce*
Zon. Son. *Sol*
Zout. Zaut. *Sal*
Zuid-Amerikaan. Seut-Aameerii-**kaan**. *Hispanoamericano*
Zuurstof. Surstof. *Oxígeno*
Zuur. Sur. *Agrio*
Zwaard. Suaart. *Espada*
Zwak. Suak. *Débil*
Zweed. Suet. *Sueco*
Zweer. Sueer. *Ulcera*
Zweet. Sueet. *Sudor*
Zwemmen. Suemen. *Nadar*
Zwenbad. Swembat. *Piscina*
Zwitser. Suetser. *Suizo*

Quiero hacer una denuncia, porque me han robado, atraca-do, estafado..., etc.
Ik wil een aanklacht indienen omdat ze mijn gestolen, aan-gerand, afeezet..., hebben..., enz.
Ik vil ein aanclajt indinen omdat ze mein jestolen, aanjerand, afjeset,..., jeben...,

LA DENUNCIA

Policía	**Atraco**	**Embajada**
Politie	Roofoverval	Ambassade
Pooliitsii	*Roufoferfal*	*Ambasade*
Comisaría	**Estafa**	**Pasaporte**
Politiebureau	Afzetterij	Paspoort
Pooliitsiiburoo	*Afsetterei*	*Pasaport*
Agente de policía	**Bolso**	**Abogado**
Politie-Agent	Tas	Advocaat
Pooliitsi-ajent	*Tas*	*Adfocaat*
Robo	**Cartera**	**Trámite**
Diefstal	Portefeuille	Ambtelijke weg
Difstal	*Portefeulle*	*Ambtelaike vej*

¿Cuál es el número de teléfono de la policía?
Wat is het nummer van de politie?
Vat is jet numer fan de poliitsii?

¿Dónde está la comisaría más próxima?
Waar is het eerstvolgende politiebureau?
Vaar is jet eerstfoljende pooliitsiiburoo?

Taxi, lléveme a la comisaría más cercana
Taxi, wilt U mijn naar het eerstvolgende politiebureau brengen
Taxi, vilt U mein nar jet eerstfoljende pooliitsiiburoo brengen

Agente, vengo a poner una denuncia
Agent, ik kom om een aanklacht indienen
Ajent, ik komm om ein aanclajt indinen

He sido víctima de una estafa
Ik ben een slachtoffer van een afzetterij geweest
Ik ben ein slajtofer fan ein afsetterei geveist

Me han robado el bolso/cartera
Ze hebben mijn tas/portefeuille gestolen
Se jeben mein tas/portefeulle jestolen

Me han golpeado
Ze hebben mijn geslagen
Se jeben mein jeslajen

Me ha desaparecido el pasaporte
Mijn paspoort is verdwenen
Mein pasport is ferduenen

Me han cobrado de más en el restaurante
Ze hebben mijn te veel in het restaurant laten betalen
Se jeben mein te feil in jet restaurant laten betalen

He tenido un accidente de automóvil
Ik heb een auto ongeluk gehad
Ik jeb ein auto onjeluk jejad

¿Cómo debo cumplimentar la denuncia?
Hoe moet ik de aanklacht uitvoeren?
Ju mut ik de aanclajt uitfuren?

¿Qué trámites debo seguir?
Welke ambtelijke wegen moet ik volgen?
Uelke ambteleike veigen mut ik foljen?

¿Debo consultar a un abogado?
Moet ik een advocaat raadplegen?
Mut ik ein adfocaat raadpleijen?

¿Debo acudir a mi embajada?
Moet ik naar mijn ambassade gaan?
Mut ik naar mein ambasade jaan?

¿Se trata de un trámite muy complicado?
Is de ambtelijke weg zëër ingewikkelt?
Is de ambeleike vej seer injevikelt?